KLEINER
WIENER
MUSEUMS
FÜHRER

Thomas Trescher, Luiza Puiu

KLEINER WIENER MUSEUMSFÜHRER

Impressum

Bibliografische Information der Deutschen Nationalbibliothek
Die Deutsche Nationalbibliothek verzeichnet diese Publikation
in der Deutschen Nationalbibliografie; detaillierte bibliografische
Daten sind im Internet über http://dnb.d-nb.de abrufbar.

© 2016 Verlag Anton Pustet
5020 Salzburg, Bergstraße 12
Sämtliche Rechte vorbehalten.

Lektorat: Anja Zachhuber
Layout, Grafik und Produktion: Nadine Löbel
Druck: Tešínská Tiskárna, Ceský Tešín

ISBN 978-3-7025-0824-1
Auch als eBook erhältlich
e-ISBN 978 3 7025 8026-1

www.pustet.at

Thomas Trescher, Luiza Puiu

KLEINER WIENER MUSEUMS FÜHRER

VERLAG ANTON PUSTET

INHALT

VORWORT

Hinter jeder Eingangstür versteckt sich eine ganze Welt. Jedes Mal eine andere, jedes Mal eine unbekannte. Und eine Person, die diese Welt erschaffen hat oder sie am Leben hält. Manche dieser Welten nehmen einen sofort voll und ganz ein – wer Helmut Waldbauers Schreib- und Rechenmaschinensammlung betritt, kann nicht anders, als dem Charme der Geräte und ihres Sammlers zu erliegen. Bei anderen braucht es ein bisschen, bis sie ihre Wirkung entfalten – wer hätte schon gedacht, dass man sich jemals für Ziegel interessieren könnte? Aber auch das ist eine unerwartete Lektion: Alles kann spannend sein. Wenn es jemanden gibt, der sich dafür begeistert und diesen Enthusiasmus mit einem teilt.

Dreißig kleine Museen und Sammlungen haben wir in den vergangenen beiden Jahren besucht, sind in die Welten eingetaucht, die ihre Leiterinnen und Leiter liebevoll arrangiert haben. Begonnen hat es mit dem Zauberkastenmuseum, in dem der Transportunternehmer Manfred Klaghofer einen Privatkeller mit Zauberkästen angefüllt hat, in dem er wieder zu einem kleinen Kind wird, das voller Begeisterung Zaubertricks aus seinen Kästen vorführt. Wir sind im Kaffeemuseum gelandet, in dem Edmund Mayr erstmal Kaffee in sein Bier leert, weil er absolut gar nichts ohne Kaffee trinkt. Im Endoskopiemuseum, wo Helmut Gröber mit fast schon manischer Begeisterung von Dingen schwärmt, die in Körperöffnungen gesteckt werden. Und wir haben uns im Automaten- und Enkelkindermuseum von Ferry Ebert und seiner Frau Amalia bei Kaffee und Kuchen die Geschichte seines Automatenimperiums erzählen lassen und uns dabei selbst wie ihre Enkelkinder gefühlt.

Aber diese Museen sind viel mehr als nur das Hobby einiger, zumeist älterer Männer, die manche vielleicht als verrückt, zumindest aber als schräg bezeichnen würden. In ihren Köpfen und ihren Museen schlummert Wissen, das sonst nicht existieren würde. Über ihr Fachgebiet, über die Stadt und ihre Geschichte genauso wie über die Welt und das Leben an sich. Wahrscheinlich muss man sich jahrelang mit Uhren beschäftigen, um einen so letztgültigen, wahren Satz zu sagen wie Rupert Kerschbaumer, der Leiter des Uhrenmuseums: „Eine Uhr muss nicht immer genau gehen – man muss nur wissen, wie viel sie zu schnell oder zu langsam unterwegs ist." Vermutlich wüsste niemand mehr, dass Coca-Cola in Österreich zum ersten Mal auf einem Pfadfinderlager zu kaufen war, gäbe es nicht

Hanns Strouhal und sein Pfadfindermuseum. Und niemand außer Johannes Kirchner im Zahnmuseum schafft es, einem die Angst vor dem Zahnarzt zu nehmen, nur ein paar Minuten nachdem er ein Glüheisen hergezeigt hat, mit dem früher bei Wurzelbehandlungen die Nerven ausgebrannt wurden.

Das Zahnmuseum ist auch eines derer, die nur noch aufgrund des Einsatzes ihres Leiters bestehen; wie viele Museumsleiter klagt dieser über mangelnde Unterstützung öffentlicher Stellen und darüber, dass sein Museum im Ausland mehr geschätzt wird als hier: „Wer keine Geschichte hat, will eine haben. Das machen die Amerikaner so, die suchen und kaufen alles zusammen. Wir, die wir Geschichte haben, nehmen sie nicht ernst." Es ist zu befürchten, dass viele dieser Kleinode nicht mehr lange bestehen werden. Das, was sie vermitteln, wird dann verloren sein, denn das dort gesammelte Wissen steht nicht auf Wikipedia; oft ist es gar nicht niedergeschrieben, sondern nur in den Köpfen gespeichert und wird über Geschichten und Anekdoten weitergegeben. Wer diesen Museen einen Besuch abstattet, sollte sich also tunlichst von jenen führen lassen, die oft seit

Jahrzehnten ihr gesamtes Berufsleben oder einen Gutteil ihrer Freizeit – und manchmal auch beides – damit verbringen, Dinge zu sammeln und Wissen zu bewahren, für das sich sonst oft niemand interessiert. Es sind tatsächlich ganze Welten, die da vor dem Untergang stehen.

Unser Dank gilt vor allem Solmaz Khorsand von der „Wiener Zeitung", die diese Reihe betreut und ermöglicht hat, genauso wie den Mitautoren Elisabeth Gamperl (Verhütungsmuseum) und Christoph Zotter (Billardmuseum).

Thomas Trescher, Luiza Puiu

Im Automaten- und Enkelkindermuseum blickt Ferry Ebert
auf sein Leben und sein Automatenimperium zurück

Wer durch eine Tür tritt, muss auf Überraschungen gefasst sein. Er betritt ein Gebäude oder zumindest einen neuen Raum; hinter einer Tür lauert oftmals das Unbekannte. Und manchmal eine ganze Zwischenwelt, aus Raum und Zeit gefallen. Diese hier besteht aus einem Sammelsurium aus Bildern, Dingen und Automaten ohne zunächst erkennbaren Zusammenhang sowie aus zwei Menschen, die all das zusammenhalten. Außerdem aus sechs Wichteln, sie bilden das Begrüßungskomitee in dieser zwei Zimmer großen Zwischenwelt. Sie stehen aufgefädelt nebeneinander auf einem Tisch, auf Knopfdruck singen sie „Merry Christmas". Also vier von ihnen, „die anderen beiden haben keinen Strom mehr", sagt der Mann im hellblauen Sakko, der ihre Knöpfe gedrückt hat, übers ganze Gesicht strahlend daneben steht und bei seiner Frau Kaffee und Kuchen bestellt. Die beiden beginnen ansatzlos zu zanken, so, als hätte auch bei ihnen jemand auf einen Knopf gedrückt, der sie in Betrieb setzt. Nur dass ihnen der Strom niemals ausgeht, seit 57 Jahren nicht; so lange ist Ferry schon mit Amalia verheiratet.

Ein Jahr zuvor, 1956, trat nicht nur sie in sein Leben, sondern auch sein zweites Lebensprojekt. Ferry Ebert ist der Mann, der Österreich den Automaten schenkte. Seine zu Hochzeiten 150 000 in Österreich aufgestellten Automaten spuckten unter anderem

Pez-Zuckerl, Gummibärchen und Kaugummis aus, aber das war nicht das Problem. Das Problem waren jene Automaten, die Kondome zum Inhalt hatten. „Sie können sich vorstellen, wie schwierig das in unserem katholischen Land vor 60 Jahren war. Da ist der Pfarrer vor lauter Aufregung fast von der Kanzel gefallen, wenn er gehört hat, dass im Ort ein Kondomautomat steht", erzählt er, schon Kaffee trinkend und Kuchen essend am Tisch. Es mussten nicht nur Jahrzehnte verstreichen, bis seine Automaten akzeptiert wurden, es musste noch etwas anderes passieren: AIDS. „Plötzlich war ich in aller Munde und der Gesundheitsapostel der Nation", erzählt er. Zu der Zeit standen dann auch schon Brieflosautomaten quer über Österreich verstreut, „damit waren wir weltweit die Ersten."

Irgendwann hat es ihm trotzdem gereicht. Die Widerstände, das Unverständnis und plötzlich stand auch das Unternehmen kurz vor der Pleite. Sie konnte zwar abgewendet werden, aber es war trotzdem alles viel zu viel und dann war da noch diese innere Stimme, die ihm sagte: „Lieber Freund, das kann doch nicht alles gewesen sein." Und hier beginnt eigentlich die Geschichte des Enkelkindermuseums, obwohl seine Enkel damals noch gar nicht auf der Welt waren. Denn 1990 hat sich Ferry Ebert aufgemacht. Auf die Suche nach dem Sinn. Nach Indien, nach Nepal, in die Wüste Sinai. Mit einem Rucksack, einem Bleistift und einem Notizblock.

Als er wieder zurück war, hatte er 365 Texte verfasst, „zum Beispiel über Liebe, Partnerschaft, Politik, alle unsere Organe". Sie landeten alle in einem neuen Automaten, dem

Gedankenautomaten, aus dem man um zehn Schilling, also nicht ganz einen Euro, einen Brief herausziehen konnte. Ferry Ebert verkaufte nicht mehr nur Zuckerl oder Kondome, „ich habe mein Gedankengut feilgeboten, auf Autobahnraststätten, Bahnhöfen und in Einkaufszentren", erzählt er. „Von Mensch zu Mensch", so stand es auf den Automaten. Es folgten Automaten für Kinder mit Märchen, die Ebert unter dem Pseudonym Radomir Runzelschuh verfasste und mit der Aufforderung versah, eigene Märchen zurückzuschicken. „Allein im ersten Jahr habe ich 2 000 Märchen zurückbekommen."

Aus dem Unternehmer wurde langsam der Märchenonkel und Opa. „Meine beiden Enkelkinder sind hier im Haus groß geworden, deshalb haben wir eine sehr enge Beziehung zu ihnen." Als die Enkel größer wurden, verschwanden zuerst die Spielsachen auf den Dachboden und dann die Enkel in ihre eigenen Leben. „Irgendwann sind wir auf den Dachboden gegangen und haben geschaut, was wir davon runterstellen können, damit das hier lebt", erzählt Amalia Ebert. Seit einigen Jahren ist die Kindheit der Enkel nun hier ausgestellt. Mit dutzenden Fotos an der Wand, mit ihren alten Spielsachen. „Die größte Sammlung von Dinosauriern meines Enkels" gibt es hier etwa zu sehen, erzählt Ferry Ebert. Weltweit, versteht sich. „Jedes Mal, wenn er hier ist, sagt er: Opa, pass bitte auf, dass nichts verschwindet." Ein Buch kann man hier kaufen, das seine Enkelin mit sieben Jahren geschrieben und illustriert hat. „Di nöigarike Taube" heißt es, übersetzt: „Die neugierige Taube". Und Ferry Ebert hat jedem Familienmitglied eine Biografie erstellt, mit tausenden Fotos, die erste hat er seiner Frau zum fünfzigsten

Hochzeitstag geschenkt. „Insgesamt habe ich über die Jahre etwa 205 000 Fotos einge-scannt", erzählt er.

Die Automaten, die sind mittlerweile eine ferne Erinnerung geworden. Schuld daran ist auch eine neugierige Taube. Kurz vor der Euro-Umstellung im Jahr 2001 sollte er sich mit dem Innenleben eines Automaten im damaligen Hauptmünzamt einfinden, um zu testen, ob sie mit Euromünzen funktionieren würden. Statt dem Finanzminister mit einem frisch gepressten Euro kam eine Taube hereingeflogen und Ebert dachte sich: „Wenn mir die jetzt auf den Automaten macht, ist das für mich gegessen." Sie hat es getan und es war für ihn der Grund, es mit den Automaten sein zu lassen. Das, und dass der Finanzminister doch noch kam, dass die Euro-Münzen nicht passten, dass er alle Automaten umstellen hätte müssen. Am Rahmen der Tür, die die beiden Räume des Museums verbindet, hängt ein überdimensionaler Papp-Schilling mit einem weinenden Auge, daneben ein Trauerflor mit der Aufschrift: „Wir werden dich nie vergessen" steht darauf. „Ich war europaweit der ein-zige, der sich von seiner Landeswährung verabschiedet hat", sagt Ebert. Seitdem ist er nur noch Opa. Der vermutlich einzige weltweit, der seinen Enkeln ein Museum gebaut hat.

Beckmanngasse 7, 1140 Wien • www.enkelkinder-museum.at
Besichtigung bei freiem Eintritt nach Anmeldung unter der Telefonnummer 0664-130 04 05

Heinrich Weingartner sammelt in seinem Museum
seit einem halben Jahrhundert alles rund um Billard

Wer Heinrich Weingartner sucht, muss ins Kaffeehaus in der Goldschlagstraße im 15. Bezirk. Dort sitzt der Mittsiebziger jeden Vormittag, nippt an seiner Melange, blättert durch die Zeitungen, auf dem Teller eine Semmel mit Butter und Marmelade. Zehn Minuten später ist er fertig, erst jetzt steht er auf, streicht sich sein braunes Sakko glatt, richtet sich den blütenweißen Hemdkragen und führt uns in sein Museum. In einer kleinen Straße gleich beim Wiener Gürtel, zwischen dem eigenen Kaffeehaus und dem eigenen Billardfachgeschäft, biegt er in ein Haustor ein, geht langsam die Rundstiegen hinauf. Im ersten Stock liegt hinter eisernen Gitterstangen das einzige Billardmuseum des Landes. Sechs alte Billardtische, um die 150 antike Queues, rund 800 Grafiken und mehr als 2 000 Postkarten hat er hier versammelt. „International gibt es ein paar Billardfabriken, die einen Raum haben, in dem sie alte Sachen ausstellen", sagt Weingartner. „Es gibt Sammler mit Büchern, Grafiken oder Karten, aber für Tische, wie in meinem Museum, haben die meisten keinen Platz." In den Zimmern einer halben Wohnetage hat er seine Exponate ausgebreitet. Unter den Vitrinen ruhen hundert Jahre alte Postkarten aus den Kaffeehäusern der Monarchie neben den ersten Modellen von Kunststoffbällen oder alten Tischbanden mit eingebauten Stahlfedern, aus der Zeit, als noch experimentiert wurde, um das Spiel weiterzuentwickeln. In einem Durchgangszimmer steht sein ältester Tisch, gebaut Anfang

des 18. Jahrhunderts, er wiegt knapp eine halbe Tonne. An einem Schrank hat er Queues mit filigranen Holzeinlegungen aufgereiht. Die ältesten sind aus den seit einem halben Jahrtausend vergangenen Urtagen, als das Spiel noch Adeligen vorbehalten war und die Bälle aufrecht stehend mit klobigen Schiebern über den Tisch befördert wurden. „Ein Fürst durfte seinen Kopf nicht senken", sagt Weingartner. „Billard war wie Crocket, auf einem in die Höhe gehobenen Rasen." Heinrich Weingartner ist nicht nur Museumsbesitzer. Er ist eine Billardinstitution. In seinem Kaffeehaus Weingartner stehen vier Tische, ein Messingschild an der Wand weist darauf hin, dass sie nach Weltcup-Standards gebaut und gepflegt werden, auf einem Beistelltisch steht eine automatische Kugelputzmaschine aus den Niederlanden. Der Wiener ist noch heute Turnierspieler, war österreichischer Staatsmeister und Europameister mit der Mannschaft. Er gibt eine vierteljährlich erscheinende Billardzeitung heraus, führt seit Jahrzehnten sein Billardfachgeschäft nahe dem Westbahnhof und berät Billard-Enthusiasten.

Begonnen hat das alles dort, wo viele Wiener beginnen, die es im Billard später zu etwas gebracht haben: im Kaffeehaus. Nach dem Zweiten Weltkrieg arbeiten die Eltern als Kellner, der kleine Heinrich verbringt seine Freizeit am Billard. „Kinder durften nicht mitspielen, aber den Sohn vom Ober hat man gelassen", sagt Weingartner. Am 1. Mai 1954 schreibt er sich mit seinem Vater in einem Billardclub ein, da ist er gerade einmal 14 Jahre alt. „Ich wurde daraufhin von einem Profispieler entdeckt, der mit mir durch die Kaffeehäuser zog", sagt der Museumsbesitzer. „Erst später habe ich erfahren, dass er damit

Août 1936

LE BILLARD SPORTIF

L'artisanat à l'honneur

UN HOMME A TROUVÉ
LA SYNTHÈSE DE L'IVOIRE

PRIX
2
FRANCS

...CHERCHEZ PLUS...

nur seine eigene Queue-Reihe bewerben wollte." Das Spielgerät sei so gut, dass sogar ein 14-Jähriger damit spielen kann, habe er damals herumerzählt. Der junge Weingartner will mehr. Er zieht durch die Wiener Buchhandlungen, schnappt sich jedes Buch über das Spiel, das er kriegen kann. In einem Antiquariat stößt er auf seinen ersten größeren Fund: den Nachlass des Journalisten Viktor Silberer, darunter etliche Bücher über Billard. „So wird man vom Lehrbub zum Sammler", sagt Weingartner heute. Er liest, spielt und eröffnet mit 24 Jahren schließlich ein Geschäft, in dem er alles rund um den Sport verkauft. Nebenbei sammelt er weiter, stellt seine Fundstücke da und dort aus. Bis er 1993 nicht mehr herumfahren will und sich gleich neben seiner Privatwohnung ein Museum für all die ihm lieb gewordenen Dinge einrichtet. Viele von ihnen hat er in Schlössern oder Privatwohnungen gefunden, als man ihn rief, um einen Tisch zur reparieren, neu zu bespannen oder gleich wegzuschaffen. „Es gibt Leute, die haben eine Wohnung übernommen, da steht ein alter Billardtisch, den sie nicht bewegen können, weil er so schwer ist", sagt Weingartner. Bei einem Schlossbesuch legt er sich schon mal unter einen verdächtig aussehenden Ausstellungstisch, um nach Fetzen von Billardtuch an Nägeln zu fahnden. „Ich habe ein Auge dafür, was einmal ein Billard war und dann zweckentfremdet wurde", sagt der Sammler. „Das erkennt man an den Beinen, an der Größe und an der Höhe." Bekommen hat er das alte Stück nicht, ein Aufseher scheuchte ihn davon.

Wer schaut sich das alles an? „Wiener kommen nicht viele, auch den Bezirksvorsteher habe ich noch nie gesehen", sagt Weingartner. „Dafür kommen Touristen aus den

Billardländern." Japaner, Belgier, Holländer oder Amerikaner hat er schon durch die Zimmer seines Museums geführt. Die bestaunen dann sein wertvollstes Exponat, 35 000 Schilling (rund 2 500 Euro) hat er dafür bezahlt. Es liegt neben einem Elefantenstoßzahn in einer der Vitrinen: ein vollständiges Set von 200 Jahre alten Kugeln aus Elfenbein, in die das Muster von Tarockkarten eingraviert ist. „Wie viel ich schon für das Museum ausgegeben habe?", wiederholt Weingartner die Frage. Nachdenkpause. „Darüber habe ich mir noch keine Gedanken gemacht. Ich glaube, das will ich auch nicht. In Euro umgerechnet ist es jedenfalls erträglicher."

Christoph Zotter

Goldschlagstraße 1, 1150 Wien · www.billard-weingartner.at
Besichtigung bei freiem Eintritt nach Anmeldung unter der Telefonnummer 01-985 21 50

PYRAMIDENSATZ UM 1820

AUSBRUCH REPARIERT

AUGUST CARIUS
Wien, ...

BIEDERMEIER KAFFEEHAUSGARNITUR

RUSSLAND

ELFENBEIN

In seiner „Box Union Favoriten" hat Alfred Marek
für seine Mitglieder ein Boxmuseum eingerichtet

Alle drei Minuten läutet eine Glocke. Zehn Sekunden lang übertönt sie alles andere, geht durch Mark und Bein. Aber Alfred Marek, so scheint es, hört sie gar nicht mehr. Unbeeindruckt spricht er einfach weiter. Dabei ist sie der Soundtrack seines Lebens. Drei Minuten, so lange dauert eine Runde beim Boxen und am Ende läutet die Glocke. Und dem Boxen hat Alfred Marek sein Leben verschrieben. 1996 übernahm er auf der Quellenstraße die „Box-Union Favoriten" (BUF), die seit 1935 existiert und zunächst BC Favoriten hieß. „BUF-Präsident" hat er auf seine Oberarme und auf seine Brust tätowiert – ganz groß, denn Platz ist dort genug. Tagein, tagaus begleitet ihn seitdem das Läuten der Ringglocke.

Begonnen hat er 1984 selbst als Boxer, natürlich, auch wenn er nur sehr kurz aktiv war. Aber schon im ersten Jahr hat er „alles bis zur Staatsmeisterschaft" erreicht. „Sagen wir so: Ich hab viel Talent von der Straße mitgebracht." Er ist in Favoriten aufgewachsen, ein paar Gehminuten von seinem heutigen Klub entfernt; Teil einer Rockergang sei er damals gewesen und sein Outfit – schwarze Lederhose und schwarzes „Harley-Davidson"-Lederbandana – gibt einen mehr als nur dezenten Hinweis auf seine Vergangenheit. „Es kam mir dann beim Boxen sehr komisch vor, dass ich gegen Leute in meiner Gewichtsklasse kämpfe. Ich war hundert Kilo aufwärts gewöhnt." Und die Narbe über dem rechten Auge,

ist die auch noch aus den Jugendtagen auf der Straße? „Nein, die ist recht frisch, das war ein Messer." Wie ist das passiert? „Das ist egal."

Jedenfalls, das Umfeld in Österreich sei damals wie heute nicht gut genug, um vom Boxen leben zu können; deshalb hat er sich schnell auf das Training anderer Boxer verlagert. Er trainiert sie nach seinem eigenen Stil, in dem auch seine Trainer ausgebildet sind. „Ich habe als Trainer die meisten Staatsmeister gemacht." Sein Stil, der ist schnell erklärt: „Ich boxe auf Vernichtung." Dass Boxen, wie es oft heißt, Fechten mit den Fäusten sei, hält er für Unsinn. Dafür sei sein Stil nicht nur im Ring nützlich: „Meinen Stil kann ich auch auf der Straße boxen. Wenn du auf der Straße Punkte sammeln willst, wirst du nicht weit kommen." Und nicht nur für die Boxer, auch für die Zuschauer bei Wettkämpfen sei seine Herangehensweise die attraktivere: „Wenn ich das Boxen verkaufen will, muss ich ein Spektakel verkaufen. Was wollen die Leute sehen? Blut, Vernichtung und Spektakel."

Aber hinter den harten Sprüchen und Muskelbergen schlägt das Herz eines Sammlers. In seinem Klub steht und hängt die weltweit größte Sammlung an Box-Memorabilia aus Deutschland und Österreich von der Jahrhundertwende bis 1945. Danach sei es mit dem Boxsport in Österreich sowieso vorbei gewesen. „Dann kam nur noch der Hans Orsolic, das war eine Ausnahmeerscheinung." Von Franz Voditschka, genannt „Joe Albert", auch ein ehemaliger Boxer, stammt der Grundstock der Sammlung. Der betrieb nach seiner Boxkarriere das Café Joe Albert im ersten Bezirk, in dessen Keller die Sammlung langsam

verschimmelte, bevor sie Marek „vor etwa 15 Jahren" aufkaufte; „leider waren vierzig Prozent durch die Feuchtigkeit zerstört."

So sind es jetzt nicht die Sandsäcke, nicht die Gewichte und auch nicht der Boxring, die Mareks Klub eine Seele verleihen, sondern all die liebevoll gerahmten Plakate und Fotos an den Wänden des Trainingsareals, oftmals signiert von den meist schon verstorbenen Boxern. In Nischen und Vitrinen finden sich Pokale und Meistergürtel, manche an die hundert Jahre alt. „Heute gibt es nicht mal mehr Meistergürtel. Der Boxverband zahlt nach der Staatsmeisterschaft den Meistern nicht einmal mehr das Essen." Aber er hat noch genug von ihnen, ob von Hans „Jaro" Wiltschek aus dem Jahr 1933 oder von Ernst Walter aus 1949. Insgesamt umfasst die Sammlung „sicher 10 000 Exponate". Ausgestellt ist im Klub nur ein Bruchteil davon, „ein paar Prozent". Viele kämen auch hierher, um für Doktorarbeiten in dem Bereich zu recherchieren, während neben ihnen die Fäuste fliegen.

Ansonsten stellt Marek seine Sammlung allerdings nur für seine Mitglieder aus, „dadurch gibt es hier ein ganz anderes Ambiente als in anderen Klubs". Ein echtes Museum, einer breiten Öffentlichkeit zugänglich, das möchte er auch gar nicht: „Was hab ich davon? Damit dann wie in den Bezirksmuseen pro Jahr zwei Leute kommen, um sich das anzuschauen?"

Quellenstraße 134–136, 1100 Wien · www.boxgym.at
Nur für Mitglieder

Robert Karo-Kaldy verwaltet im Wiener Circus- und Clownmuseum
die Erinnerung an eine aussterbende Kultur der Unterhaltung

Als Julia Pastrana 1858 zum ersten Mal die Manege des Circus Renz im Wiener Prater betrat, war die am ganzen Körper behaarte Frau eine Sensation. 26 Jahre später kehrte sie zurück, als Leiche, ausgestopft wie ein Tier, ausgestellt in einem Schaukasten. Es war ihr eigener Ehemann, der sie nach ihrem Tod präparieren ließ und wieder auf Tour schickte. Pastrana starb kurz nach der Geburt ihres Kindes, das tot zur Welt kam. Es wurde ebenfalls mumifiziert und neben ihr auf eine Stange gesetzt. „Es sah ein wenig aus, als würde da ein Papagei neben ihr sitzen; sie war außerdem schon fast zerfallen. Ein grauenhaftes Bild", sagt Robert Karo-Kaldy. Der Leiter des Clown- und Circusmuseums hat dutzende solcher Geschichten zu erzählen. Rund 40 Bücher hat er zur Geschichte von Zirkus und Unterhaltungskunst geschrieben, zuletzt erschien eines über Anton Kratky-Baschik, einen Zauberkünstler, der 1873 das damals größte Zaubertheater der Stadt mit über 1 000 Sitzplätzen eröffnete.

Zu jener Zeit erblühte die Unterhaltungskunst in Wien, ihre Hochzeit hatte sie zwischen 1890 und 1930 rund um den Prater. Ganz in der Nähe, am Ilgplatz, ist seit 2011 auch das Circus- und Clownmuseum angesiedelt. Gegründet wurde das einzige staatliche Museum Europas, das sich mit Unterhaltungskunst beschäftigt, bereits 1927; seit 2005 leitet es

Karo-Kaldy – ehrenamtlich, wie alle Mitarbeiter. Der Mittsechziger mit den buschigen Augenbrauen und der roten Kappe arbeitete als Hauptbrandmeister bei der Feuerwehr und als Magier, jetzt widmet er dem Museum seine meiste Zeit. „Wir haben 3 000 Euro Jahresbudget – damit müssen wir vom Putzen über Reparaturen alles bezahlen", sagt er. Die meisten Ausstellungsstücke gehen noch auf den Bestand des Gründers Hanno Seitler zurück, der Rest sind meist Schenkungen von Künstlern – von Clownskostümen bis hin zu einem ausgestopften Leoparden und der Kugel, auf der er einst balancierte.

Robert Karo-Kaldy verwaltet die Erinnerung an eine aussterbende Kultur. „Heute vom Zaubern oder Jonglieren zu leben ist sehr schwer. Der Nachwuchs wird immer weniger, es gibt auch kaum noch Auftrittsmöglichkeiten", erzählt er. Es sei kein Wunder, dass der Zirkus nun ausgestellt und kaum mehr aufgeführt wird: „Das Interesse ist nicht mehr so da, die Kultur wird ins Museum verdrängt." Der Niedergang des Zirkus begann mit dem Siegeszug des Fernsehens, aber noch heute erinnern TV-Shows wie „Die große Chance" an das Konzept des Zirkus. Allerdings: „Dort sind ja auch zu 80 Prozent Sänger, weil sie keine Artisten mehr finden.

Auch Karo-Kaldy selbst zaubert kaum mehr, er hat sich auf die Forschung verlegt. „Die Unterhaltungskunst ist in Österreich ein wissenschaftlich wenig beachtetes Thema gewesen. Man hat eigentlich nur Hochkultur gesammelt. Das, woran sich das Volk begeistert hat, galt als vulgär und nicht interessant", sagt Karo-Kaldy. Mit dem Museum versucht er

beide Ansprüche zu vereinen: Zirkus, Varieté und Verwandtes wissenschaftlich aufzuarbeiten und die Besucher damit zu unterhalten. Der Clown etwa, fixer Bestandteil jedes Zirkus und damit auch des Museums, sei auf William Shakespeare zurückzuführen, erzählt er: „Er hat bei seinen Stücken zwischendurch immer zwei, drei komische Gesellen auftreten lassen, das waren eigentlich Totengeister. Deshalb hat der Clown ein weißes Gesicht. Seine Haarbüschel stehen für das Fegefeuer und seine Tölpelhaftigkeit kommt daher, dass man das Böse gerne als tollpatschig hingestellt hat – damit man es eben übertölpeln kann." Dass sich viele Menschen vor Clowns gruseln, ist so gesehen also kein Zufall. „Dazu kommt noch das Laute und dass Clowns keinen Abstand wahren – einer der berühmtesten, die sich vor Clowns fürchten, ist übrigens Johnny Depp", sagt Karo-Kaldy. Viel mehr muss er aber seinen Besuchern – und vor allem den jüngeren unter ihnen – die Angst vor dem Museum an sich nehmen. „Die Bezirksmuseen, zu denen auch das Circusmuseum gehört, haben es sich zur Aufgabe gemacht, Kinder für das Museum zu interessieren", sagt er. „Wir sind dafür natürlich besonders prädestiniert und haben im Jahr 120 bis 130 Führungen mit Kindergartenkindern." Sie sollen im Museum aber nicht nur schauen, sondern beispielsweise selbst jonglieren lernen. Auch das ein Versuch, sich gegen den Zeitgeist zu stellen: „Mir geht es ein wenig darum, gewisse Werte zu vermitteln, dass man sich auch selbst beschäftigen kann – dass man nicht nur passiv am Computer sitzen muss."

Ilgplatz 7, 1020 Wien • www.circus-clownmuseum.at
Öffnungszeiten: Sonntag 10–13 Uhr, jeden ersten und dritten Donnerstag im Monat 19–21 Uhr
Eintritt frei

DROGISTENMUSEUM
Drachenblut und Mumienpulver

Dass er Drogist wurde, ist eigentlich erstaunlich. Wo doch der Kontakt mit Drogerie-produkten zunächst ein eher abstoßender war. „Ich bin 1946 in die Schule gekommen", erzählt Alexander Pekarek, „da musste einmal pro Woche die Klasse antreten und dann ist die Frau Lehrerin mit einem Löffel gekommen und dann hat einer nach dem anderen einen Löffel Lebertran bekommen." Das aus Fischleber gewonnene Öl enthält viel Vitamin D und sollte in der Nachkriegszeit zur Kräftigung der Kinder dienen, schmeckt aber absolut grässlich. Aber auch später, als er in der Drogerie seines Vaters stand, die er 1964 übernommen hat, wurde der Lebertran noch offen verkauft. „Die Leute sind mit ihrem Flascherl ins Geschäft gekommen. Es waren andere Zeiten", erzählt Pekarek, vor jener Vitrine im Drogistenmuseum stehend, die den tierischen Produkten gewidmet ist, die in Drogerien erhältlich waren oder sind.

Die „Spanische Fliege" zum Beispiel, die eigentlich ein Käfer ist, und in gemahlener Form als Potenzmittel eingenommen wurde. Oder die Ausscheidungen der Lackschild-laus, aus denen Schellack gewonnen wird, gerne als Möbelpolitur oder einst für Schall-platten genutzt. Das Museum in einer ehemaligen Wohnung in der Währinger Straße ist ein Sammelsurium, das ein fast schon vergessenes Gewerbe widerspiegelt und von

diesen anderen Zeiten erzählt, in denen Alexander Pekarek aufgewachsen ist. Er betreibt bis heute eine Drogerie ganz in der Nähe des Museums, ist aber einer der Letzten. Der Drogist verkaufte früher fast alles, ob Kräuter, Insektenschutzmittel oder eben Lebertran. Es gab Gifte, Farben und Fotoapparate – weil die Chemikalien für die Entwicklung der Filme auch beim Drogisten erhältlich waren.

All das und noch mehr ist auch im bereits 1889 gegründeten Drogistenmuseum zu sehen, das vor zwölf Jahren an diesem Standort seine Heimat gefunden hat. Davor war es kurz vor der Auflösung, es fehlte am Geld und derjenige, der sich um das Museum kümmerte, eckte nicht nur bei allen an, er war auch schwer krank – und bat Gerhard Fischler, Obmann der Drogistenstiftung, um Hilfe. Der sagte zu, das Museum zu retten. „Drei Monate später war er tot", erzählt Fischler. Die Sammlung, heute rund 12 000 Exponate, wurde in die Währinger Straße übersiedelt, „innerhalb einer Woche", sagt Fischler. Eine 200 Jahre alte homöopathische Taschenapotheke, eine riesige Mörsersammlung und vier Bände mit 585 Naturdrucken von Gefäßpflanzen aus dem gesamten Reich, die Kaiser Franz Joseph für die Weltausstellung in Paris 1855 herstellen ließ. „Damals war das eine Weltsensation, mit mehreren Tonnen wurde die Pflanze in eine Kupferplatte gepresst. Da sehen Sie sogar den Insektenfraß. Das ist für jeden, der Pflanzen studiert hat, ideal gewesen", sagt Pekarek.

Und in der Vitrine daneben stehen mystische Pulver, deren Namen klingen, als wären sie Fantasyromanen entsprungen; Drachenblut und Mumienpulver. Während Drachenblut einfach ein roter Farbstoff ist, der aus Pflanzen gewonnen wird, ist das Mumienpulver tatsächlich genau das, was es bezeichnet – weshalb in der Vitrine auch der Schädel einer echten Mumie liegt. „Mumienpulver wurde bis Mitte der Zwanziger tatsächlich noch als Heilmittel verkauft", erzählt Pekarek. „Meist stammte es von tierischen Mumien, aber es werden schon auch menschliche dabei gewesen sein." Gesellschaftlich akzeptierter Kannibalismus in kleinen Dosen für ein vermeintlich längeres Leben. Menschen wie Alexander Pekarek, die noch kleine Drogerien betreiben und alle Geschichten rund um ihren Berufsstand kennen, sind selbst fast schon Museumsstücke; Drogerien heißen heute meistens DM oder Müller.

Drogistenlehrlinge müssen sich noch mit den Grundlagen des Berufs herumschlagen, etwa Herbariensammlungen erstellen, wie sie auch im Museum zu sehen sind. Dafür dürfen sie dann auch Gifte in den schillerndsten Farben verkaufen, auch sie sind im Museum zu bewundern, mit warnendem Totenkopf auf den Etiketten. Die Gifte sind aber auch in den Drogerien nicht frei verkäuflich. Wer etwa Arsen erstehen will, braucht einen Giftschein vom Magistrat – und dort einen guten Grund für den Einkaufswunsch. „Ich gebe den Leuten immer den Tipp, ein Bild der Schwiegermutter mitzunehmen", sagt Pekarek und lacht. „Ich muss dazusagen: In meinen fünfzig Jahren als Drogist hab ich noch nie Arsen verkauft."

Währinger Straße 14, 1090 Wien • www.drogistenmuseum.at
Öffnungszeiten: Jeden 1. und 3. Mittwoch im Monat
und auf Anfrage unter der Telefonnummer 01-512 62 29
Eintritt: 6,50 Euro

opische Lithotriptoren
ca. 1900 - 1927

ENDOSKOPIEMUSEUM
Es werde Licht

Seit über 200 Jahren wird in Körperöffnungen geleuchtet;
in Wien gibt es die größte endoskopische Sammlung der Welt

„Und das rammen Sie in den Bauch", sagt der Mann mit dem weißen Vollbart, er holt einen spitzen, metallenen Gegenstand aus einer Vitrine. „Kann man aber auch beim Knie-gelenk machen." Spätestens zu diesem Zeitpunkt ist klar: Das ist kein Wohlfühlmuseum hier, wahrlich nicht. Aber ein Erlebnis und das liegt an Helmut Gröger. Es ist ein großer Bühnenschauspieler an ihm verloren gegangen, er erzählt die Geschichte der Endoskopie nicht einfach; er lebt sie, schreit sie mit lang gezogenen Vokalen in die Welt hinaus. Jedes Wort kennt eine dazu passende, ausladende Geste, aber die Hände reichen längst nicht aus. Gröger spricht mit dem ganzen Körper, geht im Rhythmus seiner Sätze in die Knie und je wichtiger der Inhalt seines Vortrags, desto näher ist sein Gesicht dem seines Ge-genübers. Die Rolle seines Lebens ist die des verschrobenen Professors, er spielt sie mit Hingabe, Verve und sich überschlagender Stimme. Es ist ein sogenannter Trokar, den er da gerade in Händen hält – „Vorsicht, ist spitz, da dürfen'S nicht hingreifen". Dieser geht auf eine faszinierende Idee zurück: „Man kann sich ja nicht nur der Körperöffnungen bedienen, man könnte auch ein Loch machen." Aber da sind wir schon fast am Ende der Endoskopiegeschichte, als den Ärzten die vorhandenen Körperöffnungen nicht mehr ausreichten und sie sich einfach neue bohrten.

Beginnen wir also am Anfang. „Es weiß ja kein Mensch, was Endoskopie überhaupt ist", sagt Gröger. Sodann: Endoskopie ist der Versuch, Licht ins Dunkel zu bringen. Menschen von innen zu betrachten, indem Dinge in Körperöffnungen gesteckt werden, die dort eigentlich keinen Platz haben. Was heute Routine ist, für Früherkennung, Diagnose und Operationen unerlässlich, begann 1806 mit dem Lichtleiter des Frankfurter Arztes Philipp Bozzini und war vor allem zweierlei: schmerzhaft und wenig erfolgreich. Mit einem originalen Lichtleiter Bozzinis beginnt auch die Wanderung durch das Endoskopiemuseum im Josephinum in der Währinger Straße – der größten endoskopischen Sammlung der Welt mit über 3 000 Objekten. Es ist gleichzeitig eine Wanderung des Lichts, genauer: der Lichtquelle. „Wenn Sie vor einer Höhle stehen", sagt Gröger, „können Sie entweder reinleuchten oder mit einer Lichtquelle reingehen. Gescheiter ist es natürlich, Sie gehen rein, dann sehen Sie mehr." Bozzini hat mittels Kerze in den Körper hineingeleuchtet, seine Apparatur geriet in Vergessenheit. „Es ist also falsch zu sagen, dass zum Beispiel 1841 schon Endoskopien gemacht wurden. Aber prinzipiell gab es die verwirklichte Idee", sagt Gröger. Heutzutage dagegen „wird ja sofort eine sogenannte Not-Gastroskopie gemacht, so schnell können Sie gar nicht schauen, schaut Ihnen der Arzt sonstwo hinunter."

In den 1860ern erprobte der deutsche Arzt Adolf Kussmaul seine Endoskope zunächst an Leichen, dann an Schwertschluckern – und zuletzt an seinen Studenten. Aber auch er scheiterte am mangelnden Licht. Einen Durchbruch erreichten über siebzig Jahre

Demonstration einer
Oesophagoskopie
mit kompletter Apparatur

Links im Bild die Wasserkühlung und die
Stromversorgung für den Glühdraht

Der Begründer der klinischen
Gastroskopie ist der Wiener Chirurg

JOHANN v. MIKULICZ-
RADECKI

(1850 – 1905)

Gastroskop nach Mikulicz-Leiter
Knickungswinkel entsprechend den
anatomischen Verhältnissen

Gastroskop nach Mikulicz-Leiter
mit Platinglühdraht,
Wasserkühlung und Luftleitung
1881

Platinglühdraht

Einsatz für das Endoskop

nach Bozzini der deutsche Arzt Maximilian Nitze und der Wiener Instrumentenbauer Josef Leiter: 1879 präsentierten sie in Wien ein Endoskop am lebenden Patienten, bei dem die Lichtquelle in den Körper miteingeführt wurde. Unangenehmerweise war diese Lichtquelle ein glühender Platindraht. „Jetzt haben Sie ein Problem: Wie wollen Sie denn einen glühenden Draht in die Harnblase bringen? Das ist erstens für den Patienten nicht zumutbar, zweitens ist es in der Harnblase üblicherweise feucht und dann glüht der Draht nicht mehr." Weshalb der Draht hinter wassergekühltem Glas leuchtete und glühte. Im Endoskopiemuseum steht nicht nur das erste überhaupt gefertigte Gerät dieser Art – „das hat nicht so bald jemand" –, auch die das Museum betreibende Internationale Nitze-Leiter-Forschungsgesellschaft ist nach den beiden Pionieren der Endoskopie benannt.

Nur ein Jahr später erfand Thomas Edison die Glühbirne, in weiterer Folge ersparten sich Patienten glühende Drähte, nicht aber starre Metallrohre. Eine Endoskopie war damals „für den Patienten natürlich nicht leicht zu tolerieren", immer wieder kam es bei den Prozeduren auch zu Todesfällen. „Aber gesehen hat man was!", sagt Gröger. Allerdings auch nur bis zu einem gewissen Punkt: „Da brauchen Sie nicht viel Fantasie, dass man mit einem starren Rohr nicht weit kommen wird, was etwa den Darm betrifft. Maximal zwanzig Zentimeter." Wir schreiben bereits das Jahr 1957, als ein voll flexibles Endoskop dank der Erfindung der Glasfasern das Licht der Welt erblickte und den Darm beleuchtete. „Wenn es einmal etwas gibt, denkt keiner mehr drüber nach, was das für ein mühsamer

Weg in der Entwicklung gewesen ist. Und das wird hier gezeigt", sagt Gröger. Zu besichtigen ist das Museum zwar nur auf Anfrage, mehr Besucher würde er sich dennoch wünschen. Aber nicht um jeden Preis, eine „Primitiv-Popularisierung, wie es so manches andere Museum macht", lehnt Gröger ab. „Das ist überhaupt nicht das, was wir uns vorstellen – das können Sie jetzt abfällig finden oder nicht, das ist Ihr Problem."

Währinger Straße 25, 1090 Wien • www.nitze-leiter-endoskopie.at/museum
Besuch und Führungen auf Anfrage unter helmut.groeger@meduniwien.ac.at

ESPERANTOMUSEUM
Die Sprache der Hoffnung

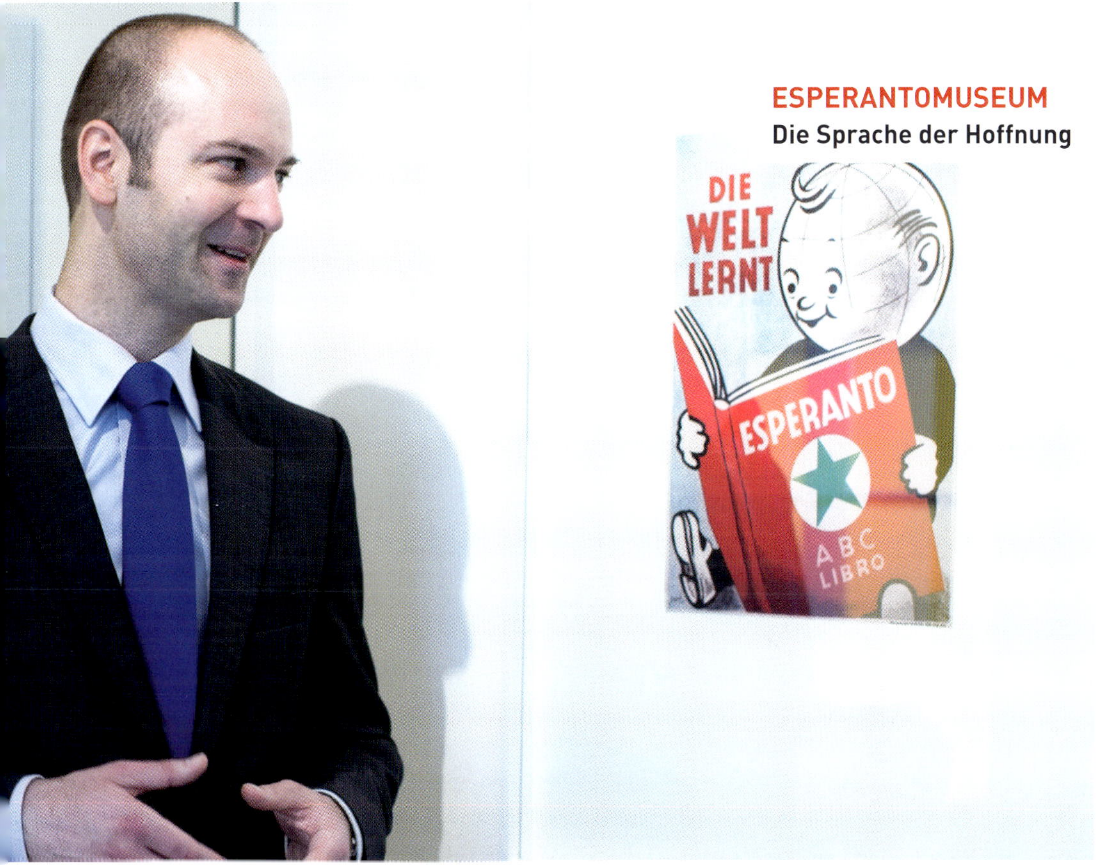

DIE WELT LERNT

ESPERANTO

ABC LIBRO

Das Esperantomuseum in Wien hat seit 1926 die weltgrößte Sammlung zu
Plansprachen erstanden. Es erzählt vom Aufstieg und Fall einer künstlichen Sprache

„Saluton. Mia nomo estas Bernhard Tuider kaj mi estas bibliotekisto en la Kolekto por
Planlingvoj kaj Esperantomuzeo de la Austria Nacia Biblioteko", sagt Bernhard Tuider.
Das ist Esperanto und heißt, dass er Bibliothekar in der Sammlung für Plansprachen
im Esperantomuseum der Österreichischen Nationalbibliothek ist. So lautet der offizielle
Titel des einzigen Museums in Österreich, das sich mit der bekanntesten Plansprache
befasst; also einer geschaffenen, nicht gewachsenen Sprache.

Das Museum und die Idee der Plansprachen gehen aber noch viel weiter zurück als das
Esperanto selbst: Im 15. und 16. Jahrhundert versuchten Philosophen wie René Descartes
und Gottfried Wilhelm Leibniz, aber auch der Astronom und Physiker Isaac Newton, über
eine künstliche Sprache die Wirklichkeit wahrhaft abzubilden. Lange bevor Wittgenstein
postulierte, dass man schweige müsse, worüber man nicht reden könne, versuchten sie eine
Sprache zu entwickeln, mit der das Unsagbare gesagt werden kann: mit der die Ungenau-
igkeiten der natürlichen Sprachen ausgeräumt werden sollten. „Sie wollten eine Sprache
schaffen, die das Denken in die richtigen Bahnen leitet", sagt Tuider. Es waren eher Klassifi-
zierungen und Kategorisierungen als Sprachen, Newton zum Beispiel gab allen Werkzeugen
die Kategorie S und differenzierte dann weiter: Einem Hammer oder einem Hobel wurde

dann ein zweiter Buchstabe zugeordnet – es war eine Sprache, die natürlich niemand sprechen konnte. Im Gegensatz zu „Volapük", das in den 1870ern die Hochblüte der Plansprachen einleitete und, auch wenn es sich weder so anhört noch liest, viele Anleihen aus dem Englischen hat: „world speak", Weltsprache, heißt es übersetzt. Es war die Zeit der Industrialisierung und damit auch einer ersten Globalisierung, als diese Sprachen entstanden. Die Menschen entdeckten, dass sie sich untereinander oft nicht verstanden.

In Bialystok, heute Polen, damals Russland, wuchs Ludwig Lejzer Zamenhof in einem Sprachengewirr auf. Sein Vater sprach russisch, seine Mutter jiddisch, polnisch lernte er auf der Straße, und irgendwo muss er auch ein bisschen deutsch und französisch aufgeschnappt haben. In der Schule hatte er Latein, Griechisch und Deutsch. Und irgendwann wurde es ihm offenbar zuviel. Er entwickelte eine neue Sprache, mit der sich alle verstehen würden. Mit 28 Jahren, mittlerweile schon Arzt, veröffentlichte er 1887 in vier Sprachen – russisch, polnisch, deutsch, französisch – den Entwurf einer neuen Sprache, an der er über zehn Jahre gearbeitet hatte. „Es ist im Grunde das Werk eines Gymnasiasten", sagt Tuider. Zamenhof veröffentlichte seine Sprache unter einem Pseudonym, denn er wollte „seine Karriere als noch junger Arzt nicht gefährden." Es lautete: Dr. Esperanto. Und die Sprache bald genauso.

Die Geschichte von Zamenhofs Schöpfung wird im Palais Mollard in der Herrengasse in zwei Räumen mit fünf Multimediastationen erzählt. Auf Wunsch auch in Esperanto, das Tuider fließend spricht. Gelernt hat er es erst, seit er hier angestellt ist. „Wir haben hier mehr Korrespondenz in Esperanto als auf Englisch oder Französisch", erzählt er. Tuider kam über seine Diplomarbeit, die Alfred Hermann Fried behandelte, zum Esperanto. Fried war engster Mitarbeiter von Bertha von Suttner und wurde sechs Jahre nach ihr ebenfalls mit dem Friedensnobelpreis ausgezeichnet – und er war ein Bindeglied zwischen Esperanto- und Friedensbewegung. „Viele Pazifisten befürworteten oder sprachen Esperanto." Beiden Bewegungen ging es um Völkerverständigung und die Hoffnung war, die verschiedenen Nationen durch eine neue Sprache einen zu können.

Schon seit 1905 wurden alljährlich Esperanto-Weltkongresse abgehalten, aber erst in der Zwischenkriegszeit erlebte Esperanto seine Blüte – kurz sah es so aus, als könnte die Sprache ihre Versprechungen erfüllen. Esperantokurse wurden in Österreich bei der Post, der Polizei und der Bundesbahn angeboten; ab 1926 war es ein Fach an den österreichischen Schulen. 1927 wurde das Esperantomuseum gegründet und schon im Jahr darauf der Nationalbank übergeben. Mittlerweile hat es 35 000 Bibliotheksbände, 3 000 museale Objekte und 22 000 Fotos angesammelt, von denen nur ein Bruchteil ausgestellt ist. „Es ist die umfangreichste Sammlung weltweit", sagt Tuider.

Esperanto ist die bei Weitem erfolgreichste aller Plansprachen; aber insgesamt nur eine von rund 500, die seit dem Mittelalter entstanden sind – die anderen reichen von der Esperanto-Abwandlung Ido bis hin zu Klingonisch. Wobei auch Plansprachen Aspekte von natürlichen Sprachen haben, weil ihr Wortschatz sich genauso erweitert – auch Esperanto braucht neue Wörter für neue Phänomene, etwa „Facebooko". Umgekehrt wurde auch in natürliche Sprachen künstlich eingegriffen, der deutsche Schriftsteller und Pädagoge Joachim Heinrich Campe hat in der zweiten Hälfte des 18. Jahrhunderts beispielsweise – oft erfolgreich – Fremdwörter eingedeutscht. Seitdem kann man *fortschrittlich* statt *progressiv* und *Örtlichkeit* statt *Lokalität* sagen, während seine Vorschläge für *Egoist – Ichling –* und für *Pause – Zwischenstille –* leider in Vergessenheit geraten sind.

Dass auch das Esperanto zwar nicht in Vergessenheit geriet, aber doch massiv an Bedeutung verlor, hat mit dem Scheitern der Friedensbewegung und dem Aufstieg des Totalitarismus zu tun: „Adolf Hitler bezeichnete Esperanto in ‚Mein Kampf' als Judensprache und 1936 wurden im deutschen Reich Esperantovereine verboten", erzählt Tuider. „Gleichzeitig versuchten sie paradoxerweise die nationalsozialistische Ideologie mit Esperanto im Ausland zu verbreiten." Viele Esperantosprecher landeten im KZ, auch in der stalinistischen Sowjetunion wurden sie verfolgt und ermordet. Es war ein Schlag, von dem sich die Sprache nie mehr erholte, auch wenn es „seit den 1990ern durch das Internet einen kleinen Anstieg an Sprechern gibt", sagt Tuider. „Weltweit ist – das ist eine vorsichtige Schätzung – eine Zahl von 100 000 Sprechern realistisch", sagt Tuider. In Österreich, schätzt er, ist es gerade einmal „eine höhere dreistellige Zahl" an Personen, die tatsächlich noch Esperanto spricht.

Palais Mollard, Herrengasse 9, 1010 Wien • www.onb.ac.at/esperantomuseum.htm
Öffnungszeiten: Dienstag bis Sonntag 10–18 Uhr, Donnerstag 10–21 Uhr
Eintritt: 4 Euro (inklusive Papyrus- und Globenmuseum)

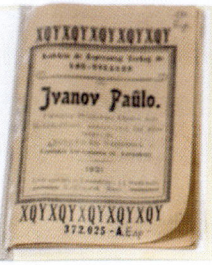

Jvanov Paŭlo.

1921

372.625 - A.Esp

V. VARANKIN

TEORIO DE ESPERANTO

HELPILO POR SUPERAJ
ESPERANTO - KURSOJ

Eld. C. K. SEU — Moskvo 1929
702364-C

V. Varankin

METRO politeno

FÄLSCHERMUSEUM
Falsch und fälscher

Im Fälschermuseum erzählt Diane Grobe die Geschichten hinter spektakulären
Kunstfälschungen und zeigt sogar Fälschungen von Fälschungen

Zuerst war er Hitler, später selbst ein Opfer von Fälschern. Der Maler Konrad Kujau
wurde bekannt, weil er die 1983 vom deutschen Magazin „Stern" veröffentlichten, gefälschten Hitler-Tagebücher erstellt hatte. Für den „Stern" die größte Schmach seiner
Geschichte, für Kujau der Beginn einer Karriere als quasi offizieller Kunstfälscher – zu-
mindest nach seiner Haftentlassung wegen Betrugs. Er verkaufte seine Kopien bekannter
Gemälde als „Original Kujau-Fälschungen". Eine davon, Gustav Klimts „Danae", hängt
neben dreier Seiten aus den Hitler-Tagebüchern seit dessen Gründung 2004 auch im
Wiener Fälschermuseum. Wobei, eigentlich nicht: Es ist, wie sich 2006 herausstellte, eine
Fälschung der Fälschung. Kujaus „Original Fälschungen" erzielten in Auktionen so hohe
Preise, dass auch sie bereits gefälscht werden.

Überhaupt: „30 bis 40 Prozent der Bilder", die am Kunstmarkt gehandelt werden, „sind
Fälschungen", sagt Diane Grobe, Leiterin des Museums im dritten Bezirk, gleich gegenüber dem Hundertwasser-Haus. Ihr Museum ist damit so etwas wie das Kunsthistori-
sche Museum einer Parallelwelt, von der alle wissen, über die aber nur wenige so genau
Bescheid wissen wollen. „Es gibt schon Museen, wo man sich denkt, wir wissen, warum
du deine Hauptattraktion nie untersuchen lässt, du hast ja nur dieses Bild", sagt Grobe.

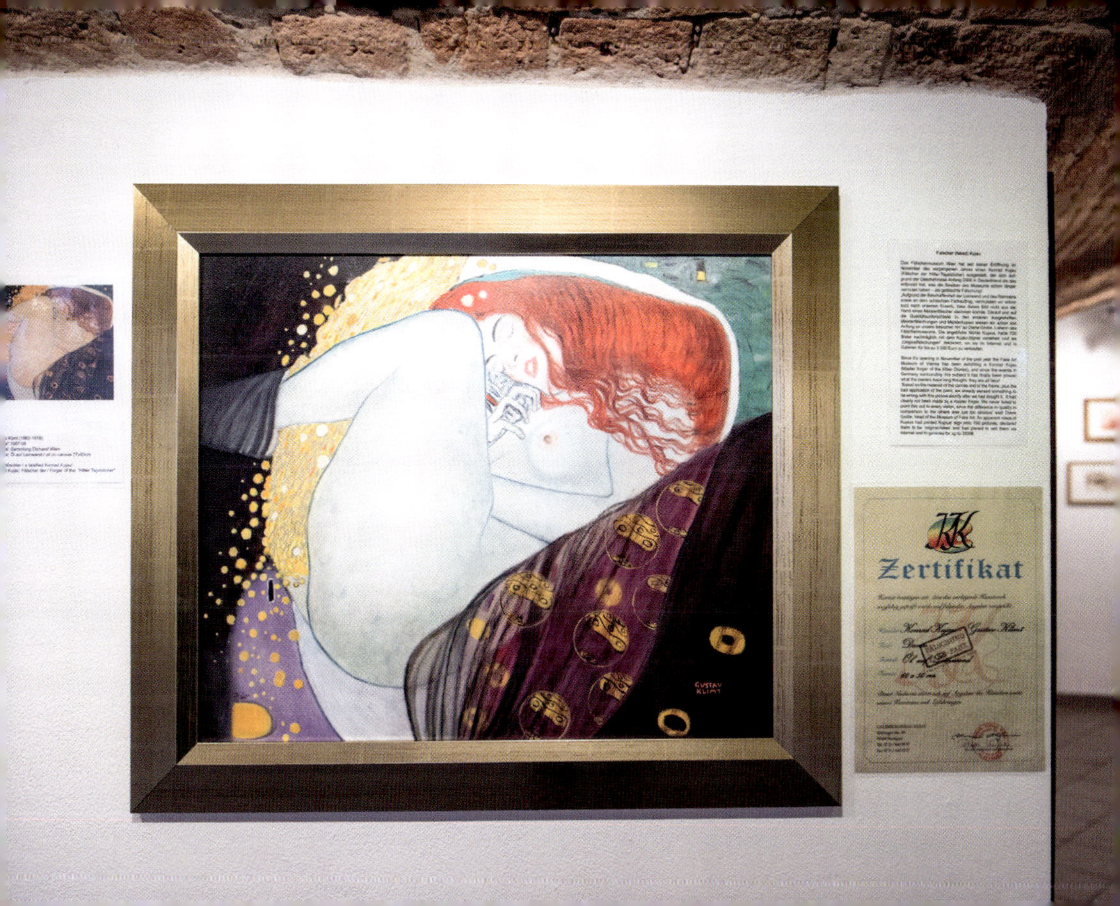
GUSTAV
KLIMT
Zertifikat

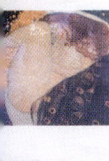

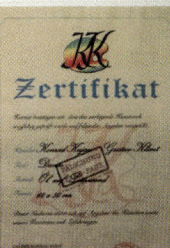

„Es war auch vor der Gründung das Schwierigste, Fälschungen zu finden – die meisten werden immer noch als Originale verkauft", sagt sie. Zu unterscheiden sei grundsätzlich zwischen einer Kopie und einer Fälschung – erstere wird zu zweiterer, wenn sie nicht als solche deklariert ist und eine Betrugsabsicht dahintersteckt. Dazu kommen Stilfälschungen: Bilder im Stil eines Malers, zu denen es kein Original gibt, das aber als Bild des jeweiligen Malers ausgegeben wird. Han van Meegeren, der in den 1930ern Bilder im Stil des Barockmalers Jan Vermeer fälschte, „hat damals mehr für seine Fälschungen bekommen, als ein echter Vermeer gekostet hätte", erzählt sie.

Den Anstoß zur Gründung des Museums gab die Lebensgeschichte des deutschen Kunstfälschers Edgar Mrugalla, den Grobe und ihr Mann Christian Rastner – der mit ihr das Museum betreibt – in Deutschland kennenlernten. Grobe hat BWL studiert, ihr Mann ist Architekt, beide malen nebenbei. Und waren fasziniert von der Welt der Fälscher. „Wir wollten aber raus aus diesem klassischen Museumsbetrieb. Normalerweise wird einem im Museum immer dazu erzählt, was sich der Künstler mit dem Werk vor hundert Jahren gedacht hat, aber eigentlich weiß kein Mensch, was sich der gedacht hat." Außerdem: „Wien hat so viele bekloppte Museen, da ist eines mehr oder weniger auch schon wurscht." Deshalb erfährt man hier nun die Geschichten hinter den Fälschungen, die in dem Kellerlokal ausgestellt sind. Etwa die des Briten Tom Keating, der seine Opfer auch noch verhöhnte: Er präparierte seine Fälschungen mit Glycerin, weshalb sie sich beim Versuch, sie zu reinigen, selbst zerstörten. Oder schrieb vulgäre Verse auf die Leinwand, bevor er sie bemalte – die dann sichtbar wurden, wenn das Gemälde mit Röntgenstrahlen auf seine Echtheit überprüft wurde.

Diese Geschichten sind es letzten Endes auch, die den Preis einer Fälschung bestimmen: „Je verrückter die Geschichten dahinter, desto teurer sind sie. Das ist wie am echten Kunstmarkt, wenn ein Bild einmal einer Kaiserin gehört hat, ist es teurer, obwohl es auch nicht besser ausschaut." Kopien dürfen gehandelt werden, sofern sie als solche deklariert sind – jedenfalls in Österreich. „In Frankreich werden sie rigoros vernichtet. Wenn wir mit dem gefälschten Matisse dort an der Wand in Paris auftauchen würden, werden wir eingesperrt und das Bild verbrannt." Ob Bilder echt oder falsch sind, ist aber oft eine Streitfrage. Sachverständige sollten sie klären. Allerdings: „Nachdem die Preise für Bilder immer exorbitanter werden, können es sich viele Sachverständige nicht mehr leisten, ihre Arbeit zu machen, weil sie haftbar sind. Sie werden sowieso von irgendwem geklagt, ob sie jetzt sagen, dass es echt oder falsch ist."

Welche Künstler werden am häufigsten gefälscht? „Generell gilt: Je moderner oder aktueller, desto besser. Für Österreich wären Nitsch oder Rainer typisch, die sind aber für die meisten Fälscher vermutlich nicht so interessant, weil sie regional begrenzt sind." Alte Fälschungen, erzählt Grobe, sind komplizierter, man muss an die richtigen, zeittypischen Farben genauso kommen wie an altes Papier aus dieser Zeit. Wie verführerisch ist es, mit so viel Fachwissen selbst unter die Fälscher zu gehen? „Das ist viel zu anstrengend.

Verführerischer wäre es, etwas Unsigniertes zu kaufen, irgendeine Künstlersignatur draufzuhauen – es gibt sehr simple Signaturen, Schiele hat oft nur mit „S" unterzeichnet – und den Leuten irgendeine Geschichte zu erzählen, dass der Opa das vor hundert Jahren am Naschmarkt gekauft hat." Das funktioniert? „Es gibt noch genug Verrückte, die auf sowas reinfallen – vor allem in Amerika. Also ohne dass ich jetzt einen Tipp geben will ..."

Löwengasse 28, 1030 Wien • www.faelschermuseum.com
Öffnungszeiten: Dienstag bis Sonntag 10–17 Uhr
Eintritt: 5 Euro (Erwachsene)

Geschichte lässt sich auf vielerlei Arten erzählen. Anhand der Jahreszahlen, die in der Schule von Lehrern abgeprüft wurden. Von oben, als Geschichte der Herrschenden, ihrer Entscheidungen und deren Auswirkungen. Von unten, über die Lebensbedingungen der Bürger. Und sie lässt sich anhand ihrer Gärten erzählen. „Gärten spiegeln die Gesellschaft wider, die sie erbaut hat", sagt Gerhard Pledl, der das Gartenbaumuseum der Stadt in Wien-Kagran leitet.

Im französischen Absolutismus etwa war das Bett des Königs der Mittelpunkt der Welt. Hier empfing er, hier regierte er, von hier aus strahlte seine Macht hinaus in sein Reich; und zuallererst in seinen Garten, die prunkvolle Anlage des Schlosses Versailles, in dem die Könige Frankreichs im 17. Jahrhundert walteten. „Der Barockgarten ist der Wirklichkeit gewordene Absolutismus", erzählt Gerhard Pledl, „die Mittelachse des Gartens endet im Schlafgemach des Königs."

Dass der studierte Landschaftsplaner ein Beispiel aus Frankreich nimmt, hat einen guten Grund, denn Österreich habe kaum Gartenbaukultur – das Gartenbaumuseum in Wien ist das einzige des Landes. „In London finden sie an jeder Ecke ein Gartenbaumuseum", sagt Pledl. Die Idee des Gartens stammt aus dem Orient, „Gärten sind in

Wüstengegenden entstanden, wenn dort ein paar Bäume in der sengenden Sonne gedeihen – das ist das Paradies." Im Römischen Reich wurde die Tradition des Gartens noch gepflegt, aber „mit der Völkerwanderung war das vorbei." In der Folge entstanden Gärten abseits des Orients vor allem dort, wo es Häfen gab, „dorthin sind die Pflanzen aus den Kolonien zuerst gekommen", erzählt Pledl.

Erst die österreichisch-ungarische Monarchie ließ die Kultur des Gartens wieder ein wenig aufleben, schließlich „sind Gärten Macht". Mit dem Ende des Kaiserreiches und des Ersten Weltkrieges 1918 ist „das bisschen Gartenbaukultur, das Österreich hatte, weggebrochen." Noch im selben Jahr kam die Idee auf, die Gartenbaukultur in einem Museum zu bewahren, aber es dauerte bis 1977, bis in einem kleinen Pavillon des Kurparks Oberlaa einige Exponate ausgestellt wurden. Seit 2002 ist das Museum nun auf 500 Quadratmetern in der Orangerie Kagran untergebracht. Es könnte auch noch größer sein, 35 000 Exponate umfasst die Sammlung, die meisten davon sind allerdings historische Fotos. Viele davon zeigen den Kurpark Oberlaa, der im Zuge der „Wiener Internationalen Gartenschau" (WIG) 1974 unter dem auch nach so langen Jahren noch rätselhaften Motto „Wir haben noch Zeit für die Zeit" eröffnet wurde. Zum 40. Jubiläum der Eröffnung widmete sich auch die Sonderausstellung 2014 im Gartenbaumuseum dem Kurpark, dem größten Park der Stadt – sofern der Prater nicht als solcher gezählt wird.

Die Dauerausstellung, die rund 20 000 Menschen pro Jahr besuchen, teilt sich in drei Bereiche: Mit Gärten verbundene Einzelstücke wie ein Trinkbrunnen aus dem Türken-schanzpark, eine Sammlung zum Gartenbau mit einer Geschichte des Rasenmähers und eine Floristiksammlung. Deren Kernstück ist die Sammlung Sädtler, die auf die Floristin Boleslava Sädtler zurückgeht. Sie eröffnete 1905 einen Blumensalon am Wiener Opern-ring, der schnell zur ersten Adresse für Blumenfreunde wurde – „sie gab die Trends in der Floristik vor", sagt Pledl. Ihre Sammlung und die originale Einrichtung eines Blumenssa-lons im Art-Deco-Stil sind das Schmuckstück des Museums – inklusive einer Kopie des Sädtler-Gästebuchs, in dem sich unter anderem Schauspieler Paul Hörbiger und Kanzler Leopold Figl verewigten.

Weil die morbide Ader der Stadt auch vor dem Gartenbaumuseum nicht Halt macht, hängen an der Wand gegenüber des Blumensalons zwei Objekte, die Trauerweiden zeigen. Sie sind aber nicht gezeichnet, sondern aus einem dünnen, länglichen Material kunstvoll gebastelt – aus menschlichem Haar. Es waren Erinnerungsstücke an Verstorbene aus de-ren Haaren, in dem Fall an zwei 1898 und 1899 verstorbene Kinder im Alter von zwei und vier Jahren. „Das ist genauso wie man heute die Asche von Verstorbenen zu einem Diamanten pressen lässt", sagt Pledl.

In den wärmeren Monaten ist auch der an das Museum angeschlossene Schulgarten Kagran geöffnet, in dem vom mediterranen Garten bis zum Friedhofsgarten verschiedenste

Bereiche angelegt wurden. Wegweiser mit Aufschriften wie „Japan", „Burgenland" oder „Frankreich" zeigen aber nicht in die Richtung dieser Länder, sondern zu den Gärten, die in dem jeweiligen Stil dort zu besichtigen sind. Aber was macht eigentlich einen guten Garten aus? „Dass er für den Menschen da ist und nicht für die Natur", sagt Pledl. „Das hat mich am Anfang schockiert. Aber der Garten soll für den Menschen da sein, damit er die Natur kennenlernt und außerhalb des Gartens auch zu schützen weiß. Wie er ihn gestaltet, ist ganz nach seinem Gusto, ob er jetzt Gartenzwerge hineinstellt oder Rosen. Er sollte Freude machen."

Siebeckstraße 14, 1220 Wien • www.wien.gv.at/umwelt/parks/gartenbaumuseum
Öffnungszeiten: Montag bis Freitag 8–14 Uhr
(von April bis Oktober auch an jedem ersten Donnerstag im Monat bis 18 Uhr)
Eintritt frei

GELDMUSEUM
Goldgrapscher

Im Geldmuseum steht die zweitgrößte Münze der Welt,
aber reich wird hier niemand, auch wenn es manche versuchen

„Schauen Sie", sagt Armine Wehdorn, „wir haben einen Polizisten vor der Tür, wir haben einen Sicherheitsbeamten im Eingangsbereich, unsere Sicherheitsabteilung ist, sofern wir das Haus offen haben, voll besetzt. Wir haben die Polizeistation gleich gegenüber." Was sie eigentlich sagen möchte ist, dass es relativ aussichtslos ist, einen Versuch zu wagen, die 31 Kilo schwere Goldmünze zu stehlen, die den Besuchern des Geldmuseums in der Österreichischen Nationalbank als Allererstes ins Auge springt. „Es ist eher so, dass wir immer wieder einen Großeinsatz hier haben, wenn der Alarm irrtümlich losgeht." Was so strikt bewacht wird, ist die einzige große Philharmonikermünze, die größte Münze Europas und die zweitgrößte der Welt nach dem australischen „Roten Känguru", die allerdings gleich eine Tonne wiegt und 31 Millionen Euro wert ist. Der Philharmoniker im Geldmuseum „hat einen Nominalwert von rund 100 000 Euro, ist derzeit in Gold rund eine Million Euro wert und wäre in Österreich ein legales Zahlungsmittel", sagt Wehdorn.

Und dann liegt da im nächsten Zimmer auch noch ein Goldbarren, 12 Kilo schwer, in einem Panzerglaskasten mit einer Öffnung, groß genug für eine Hand, aber nicht den Barren. Besucher dürfen ihn mit der Hand in der Öffnung anheben und das Gewicht spüren: Er ist schwer. „Und jetzt denken Sie kurz an diese ganzen Hollywoodfilme, wenn

irgendwo Fort Knox ausgeraubt wird und sie die Goldbarren von einem zum anderen werfen, wie realitätsbezogen das ist." Der Barren sieht so aus, als hätten schon einige Besucher versucht, sich ein wenig Gold herauszukratzen, aber die Unregelmäßigkeiten entstehen beim Gießen des Barrens und außerdem zeigt eine Überwachungskamera darauf und würde jemand versuchen zu kratzen, statt zu heben, „wären sofort unsere Sicherheitsleute da". Armine Wehdorn sagt diesen Satz relativ oft.

„Das Geldmuseum ist mein Baby", erzählt sie. 1999 wurde sie angeworben, um ein Museum in der Nationalbank aufzubauen, weil diese „einen Bildungsauftrag hat. Die Studien zur Finanzbildung der Österreicher schauen ja nicht besonders gut aus." 200 000 Objekte umfasst die Sammlung der 1816 gegründeten Nationalbank, aus der Wehdorn ein Museum basteln sollte. „Für mich persönlich war das eine einzigartige Chance, es kommt heute selten vor, dass sie von null einen Sammlungsbetrieb aufbauen können. Ich konnte aus dem Vollen schöpfen. Wir haben versucht, die Sammlung zu sichten und zu bewahren, weil vieles auch ohne Wissen gelagert wurde", erzählt sie. 2003 wurde das Museum eröffnet, zehn Jahre später „hatten wir 18 750 Besucher bei Führungen und Veranstaltungen." Die meisten Führungen und Workshops im Museum richten sich an Kinder, „aber die Erwachsenen haben so große Elefantenohren und hören zu", erzählt Wehdorn. 2008, als das amerikanische Bankensystem kurz vor dem Kollaps stand und danach, als die Krise auf Europa überschwappte, stand das Geldmuseum hoch im Kurs. „Das war für uns auch eine harte Zeit, weil die Leute von uns orakelmäßig wissen wollten, wie es weitergeht.

Viele wollten wissen, welche Aktien sie verkaufen sollen, was soll ich darauf sagen? Ich bin ein Museumsmensch."

Die eigentliche Aufgabe des Museums ist es, „die Meilensteine der österreichischen Geldgeschichte, vom Tauschhandel bis zum Euro" zu präsentieren, die Dauerausstellung ist in einem begehbaren Tresor untergebracht. Die ersten Münzen gelangten mit den Römern im Jahr 15 vor Christus in das Gebiet des heutigen Österreich, das erste Papiergeld wurde von Maria Theresia 1762 eingeführt. „Das war eine Zäsur im Geldwesen, die ersten Banknoten haben noch Stadtbanko-Zettel geheißen, waren einseitig bedruckt und schwarz-weiß. Auf den ersten Scheinen stand noch ein Dreizeiler, dass sie jederzeit in Hartgeld umgetauscht werden können." Schließlich war es gewöhnungsbedürftig, dass ein Blatt Papier plötzlich einen Wert hatte – und dass der Staat 1811 bankrott ging, hat wohl nicht geholfen.

Der Asche entstieg die „Privilegirte oesterreichische National-Bank", für die unter anderem Gustav Klimt und Koloman Moser Banknoten entwarfen. Ersterer wurde nie gedruckt, zweitere schnell wieder aus dem Verkehr gezogen; sie war zu wenig fälschungssicher. Und ein wenig mehr als hundert Jahre nach dem Staatsbankrott war das Geld schon wieder nichts wert, die Hyperinflation der Zwischenkriegszeit ließ die Nullen auf den Scheinen explodieren. Für manche eine andere Gelegenheit, zu versuchen, im Geldmuseum reich zu werden; allerdings nicht, indem sie etwas mitnehmen, sondern hinbringen. „Wir

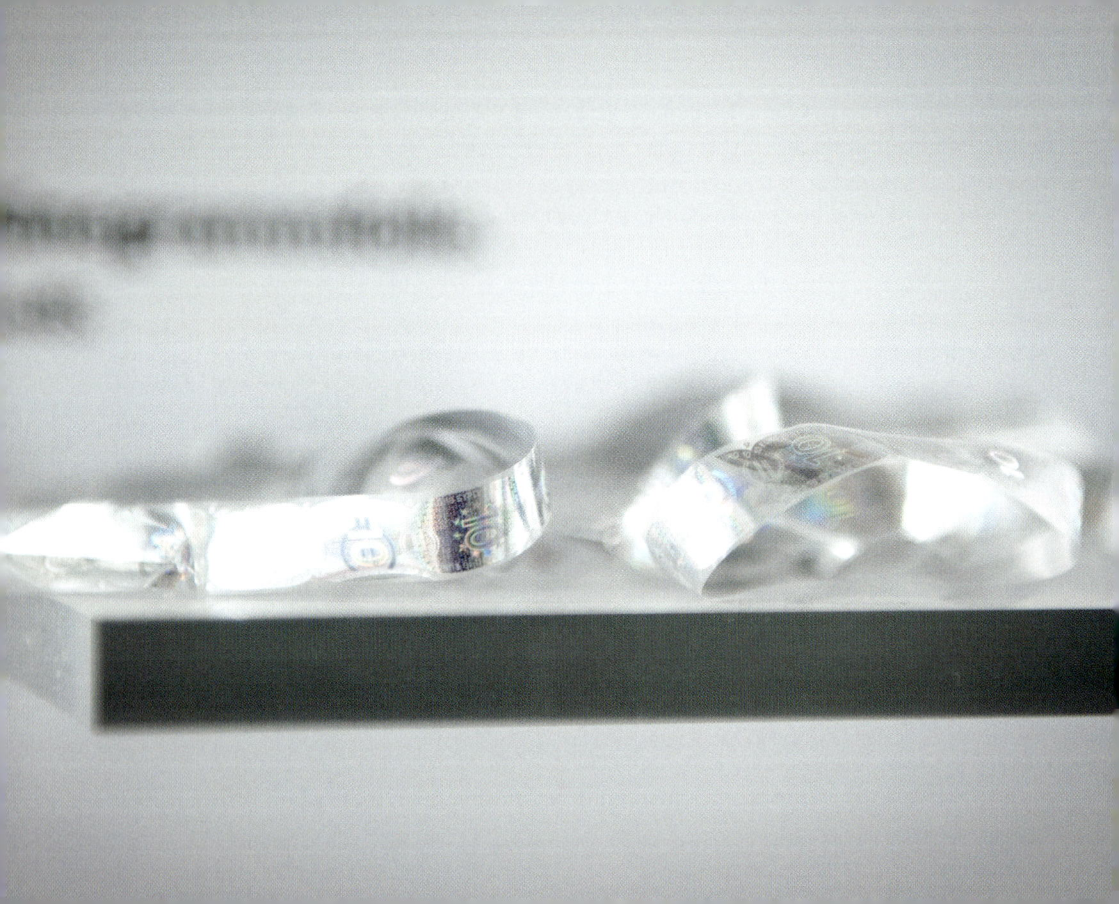

haben oft Pensionisten da, die noch das Geld ihrer Eltern auf dem Dachboden haben, diese 500 000 Kronenscheine, da glauben sie oft, sie haben einen ganz tollen Schatz." Einen Schatz, den sie loswerden und umtauschen möchten. „Da sieht man schon die Millionen in ihren Augen", sagt Wehdorn. „Aber die müssen wir leider enttäuschen, die werden nicht umgetauscht."

Im Gegensatz zur letzten Schillingserie, die noch auf unbegrenzte Zeit in Euro umgetauscht werden kann. Aber sogar die ersten Euro-Scheine sind mittlerweile ein Fall für das Museum, seit die neuen Fünf-Euro- und Zehn-Euro-Scheine im Umlauf sind, die in der Nationalbank gedruckt werden. Die Druckerei ist nicht zu besichtigen, Wehdorn musste „darum kämpfen", überhaupt nur ein Video der Druckerpressen zu zeigen, auf denen möglichst wenig zu sehen sein sollte, um potenziellen Einbrechern keine zweckdienlichen Hinweise zu geben. Damit die Sicherheitsleute nicht in die Druckerei ausrücken müssen und sich auf die zweitgrößte Münze der Welt konzentrieren können.

Otto-Wagner-Platz 3, 1090 Wien • www.oenb.at/Ueber-Uns/Geldmuseum.htm
Öffnungszeiten: Dienstag und Mittwoch 9:30–15:30 Uhr,
Donnerstag 9:30–17:30 Uhr, Freitag 9:30–13:30 Uhr
Eintritt frei

GLOBENMUSEUM
Einmal um die Welt

Wien ist das internationale Zentrum der Globenkunde und im Globenmuseum
sind über 200 Modelle der Erde, des Himmels und des Mondes zu sehen

Karten sind sowieso schwierig. Das Erdenrund auf eine Fläche zu projizieren verlangt
Verzerrungen, einen Mittelpunkt und die Entscheidung, wo dieser sein soll. Europa?
Amerika? Warum nicht mal Afrika, Australien? Globen, denkt man, sind einfacher. Die
verkleinerte Darstellung des Wirklichen; ohne Mittelpunkt, ohne Verzerrung, so wie es
eben ist. Aber es ist natürlich alles viel komplizierter. Der Mittelpunkt des Globus heißt
Nullmeridian. „Zunächst konnte der Kartograf den frei wählen", erzählt Jan Mokre, Lei-
ter des Globenmuseums, das Teil der Nationalbibliothek ist. „Bei den alten russischen
Globen ist es St. Petersburg, bei den französischen ist es Paris. Es gibt einen deutschen
Hersteller, dem das alles zu dumm war, der hat ihn in den Pazifik gesetzt."

Die Welt einigte sich zwar 1884 darauf, dass der Nullmeridian in Greenwich bei London
liegt, aber das Zentrum der Globenkunde ist 16 Längengrade weiter östlich zu finden –
in Wien. „Hier wird seit über hundert Jahren an Globen geforscht. Wien hat das weltweit einzige Globenmuseum und bedeutende Privatsammler, den Sitz der Internationalen
Coronelli-Gesellschaft für Globenkunde und hier wird die einzige globenspezifische Publi-
kationsreihe herausgegeben", sagt Mokre. „Der Globusfreund" erscheint seit 1952 und wird
derzeit alle zwei Jahre herausgegeben. Schon zuvor, kurz nach Ende des Zweiten Weltkrieges,

begründete schließlich der Globenforscher Robert Haardt ein Privatmuseum, das 1953 auf ministeriellen Erlass zu einem staatlichen Museum wurde. Haardts Begeisterung für Globen nahm nicht nur, sagt Mokre, „fast schon skurrile Züge" an, sondern er entwickelte auch einen neuen Typ Globus: Den Rollglobus, der nicht nur an seiner Achse, sondern beliebig gedreht werden kann. Auch seine Erfindung ist im Museum zu sehen, das seit 2005 an seinem aktuellen Standort im Palais Mollard in der Herrengasse angesiedelt ist.

„Ich konnte das Museum völlig neu konzipieren und einrichten", sagt Jan Mokre. „So eine Chance bekommt man nicht oft." Dabei fand er Globen früher eher langweilig. „Sie sind notgedrungen kleinmaßstäbig, das Kartenbild ist deshalb relativ grob und ungenau", erzählt er. Mokre war Mitarbeiter der Kartensammlung der Nationalbibliothek, als ihn der damalige Leiter des Museums, Franz Wawrik, bat, an einer Publikation über Globen mitzuarbeiten. Anfangs skeptisch, konnte er sich doch noch dafür begeistern: „Es geht ja nicht nur um die Kugel, es geht darum, dass Globen eine symbolische Bedeutung über die Jahrtausende haben. Dann weitet sich der Blick", sagt er.

Rund 200 der etwa 700 Globen der Sammlung sind ausgestellt. Nicht alle zeigen die Erde. Himmelsgloben sind historisch sogar früher nachweisbar als solche, die die Erde abbilden. „Schon in der Antike wurden Globen als Modelle beschrieben, insgesamt drei antike Himmelsgloben sind auch erhalten. Nachdem der Anteil der bekannten Erdoberfläche so gering war – etwa zwanzig Prozent –, hat sich der Erdglobus als Modell einfach nicht

angeboten", sagt Mokre. Im Gegensatz zum Himmel: Die Globen zeigen Sternbilder – je älter, desto künstlerischer. Auf vielen sind die Symbole der Sternbilder aufgemalt, die sie zeigen, der Löwe oder der Schütze etwa. Neben den anerkannten Sternbildern ist da zum Beispiel auch noch eine Katze darunter. „Das ist erst in den 1920ern verbindlich gemacht worden", sagt Mokre. Davor konnte jeder die Sternbilder sehen und darstellen, die er gerne mochte.

Auch eines der beiden wertvollsten Sammlungsstücke zeigt die Sternbilder noch gemalt und nicht abstrahiert: Der Himmelsglobus von Gerhard Mercator, dem wichtigsten Kartografen des 16. Jahrhunderts. Das zweite ist das Pendant dazu, Mercators Erdglobus. Den darf man auch drehen und mit dem Finger auf irgendeinem beliebigen Land der Erde stoppen – allerdings nur in seiner digitalisierten Form auf einem Bildschirm vor dem leibhaftigen Globus hinter Glas. Da lassen sich dann auch die wahren Formen der Erde einblenden; der Unterschied zwischen der Vorstellung der Welt im 16. Jahrhundert und den wahren Grenzen von Land und Wasser wird damit sichtbar. „Der Erdglobus bekommt erst eine echte Bedeutung, als die Menschen auf die Weltmeere expandieren", erzählt Mokre. Die Küste Indiens zum Beispiel ist bei Mercators Globus erstaunlich exakt dargestellt. „Aber großräumig funktioniert es nicht." Amerika ist nur ungefähr dort, wo es sein sollte. „Und es gibt noch Gebiete, die nicht bekannt sind, etwa die Westküste Nordamerikas. Australien fehlt natürlich." Genaue Globen im heutigen Verständnis gibt es erst seit 1870.

Andere entstanden noch später – Mond- und Planetengloben. „Wir haben einen Schwerpunkt darauf gesetzt", erzählt Mokre; außer vom Mond gibt es noch solche von Venus und Mars. „Mondgloben haben zwischen 1960 und 1970 einen unglaublichen Aufschwung erlebt, als die Vereinigten Staaten und die Sowjetunion beim *space race* den Mond als Nebenkriegsschauplatz gesehen haben". Ein in Moskau 1961 hergestellter Mondglobus ist – „das wechselt immer wieder mal" – Mokres aktuelles Lieblingsstück: „Er zeigt bereits einen Teil der Rückseite, aber noch nicht den gesamten Mond. Die Daten stammen von einer Raumsonde aus dem Jahr 1959. Der Globus beschreibt damit den Übergang ins Raumzeitalter und ist ein sehr aussagekräftiges Objekt."

Palais Mollard, Herrengasse 9, 1010 Wien • www.onb.ac.at/sammlungen/karten.htm
Öffnungszeiten: Dienstag bis Sonntag 10–18 Uhr, Donnerstag 10–21 Uhr
Eintritt: 4 Euro (inklusive Papyrus- und Esperantomuseum)

Edmund Mayr leitet das Österreichische Kaffeemuseum und lebt von Kaffee –
jetzt sucht er einen Nachfolger für sein Lebenswerk

Eigentlich braucht es nichts, außer Kaffee. Viel Kaffee. Für Edmund Mayr ist er das Ambrosia unserer Zeit und noch mehr. „Wir erzeugen weltweit rund sieben Milliarden Tonnen Kaffeesud pro Jahr", sagt er. Den dürfe man doch nicht einfach wegwerfen, tausend Euro im Jahr könnten sich Haushalte ersparen, würden sie ihn weiter nutzen. Zähne putzen? Geht mit Kaffeesud einwandfrei. Hände waschen? Klar doch. Körperpeeling? Das auch. „Funktioniert für all das sensationell." Und Edmund Mayr ist der lebende Beweis dafür; er lebt vom, für und mit dem Kaffee, in all seinen Variationen. Natürlich, trinken tut er ihn auch, in rauen Mengen. „Ich trink' ja keinen Tropfen Wasser, ich lebe von drei Litern Kaffee täglich." Spricht's, leert ein bisschen Kaffee in ein bauchiges Glas, öffnet mit einem Klicken seine Puntigamer-Dose und füllt es mit Bier auf. „Kaffee und Bier ist das Getränk des Jahrhunderts, das ist meine Medizin. Beides besteht aus Wasser und hat viele Antioxidantien, gesünder geht es nicht."

Tatsächlich: Wie seine über siebzig Jahre sieht Edmund Mayr, Leiter des Kaffeemuseums in der Vogelsanggasse, nicht aus, eher zwanzig Jahre jünger. Der Kaffee, ist er felsenfest überzeugt, hält nicht nur jung, er macht auch klug, regt das Konzentrationszentrum an. „Alle Menschen, die kreativ waren – ob jetzt musisch, schriftstellerisch, malerisch –, waren immer Kaffeetrinker. Kaffeetrinker sind gescheiter als Nicht-Kaffeetrinker. Voltaire hat 50 Tassen Kaffee am Tag getrunken, Balzac beim Schreiben eines Buches über 50 000 Tassen." Und potent macht er auch. „Wenn junge Damen eine Familie planen, müssen sie sich unbedingt Burschen suchen, die Kaffee trinken, weil bei denen die Spermien zappeliger und schneller sind."

Seit rund 50 Jahren sammelt Mayr Kaffeemaschinen und vieles mehr, das mit Kaffee zu tun hat. Über 5 000 Exponate werden es insgesamt gewesen sein, Teile der Sammlung hat er verkauft, ein Bruchteil ist seit 2002 hier im Museum zu sehen; er umfasst tausend Jahre Kaffeegeschichte. Von getrockneten Kürbissen aus Kenia, aus denen einst Kaffee getrunken wurde, über die Vakuumkanne – „so hat 1820 schon Beethoven Kaffee gemacht" – bis hin zu den klassischen Vollautomaten. Aber das Museum ist nur das Vehikel, um seine Botschaft des Heilsbringers Kaffee unter die Menschen zu bringen. Er hält Vorträge, bietet Seminare an, jeder McCafé-Mitarbeiter muss einen Tag bei ihm in die Schule gehen. Sein Traum wäre allerdings noch viel größer gewesen als das kleine Museum in Wien-Margareten. Vier gläserne Stockwerke hoch auf dem Flakturm im Esterhazypark hätte sie werden sollen, seine Kaffee-Erlebniswelt, die Krönung seines Lebens. Nicht nur Pläne gab es dafür, sondern bereits eine Baubewilligung und Investoren, die sich das Projekt 150 Millionen Schilling hätten kosten lassen. Dann starb 1997 der Mariahilfer Bezirksvorsteher Kurt Pint, „einer der größten Befürworter des Projekts", und damit auch die Kaffee-Erlebniswelt.

Am Anfang der Mayr'schen Lebensleidenschaft stand schlechter Kaffee, kalt und haupt-sächlich aus Getreide, getrunken aus einem braunen Emailletopf. Damals war Edmund Mayr drei oder vier Jahre alt und der Zweite Weltkrieg gerade vorbei. Mehr als vier, fünf Bohnen gab es nicht, aber die durfte er mit Großmutters Schoßmühle mahlen und er war fasziniert vom Geruch. Daran hat sich bis heute nichts geändert; und daran, dass er fast überall nur schlechten Kaffee aus mangelhaft gewarteten Maschinen bekommt, leider auch nicht. „Der Kaffee ist das Stiefkind der Nation", sagt er. Als er vor einigen Jahren dem damaligen Vorsteher der Fachgruppe Wiener Kaffeehäuser Mitarbeiterschulungen anbot, kam der Satz: „Wo kommen wir denn da hin, wenn wir unsere Mitarbeiter schu-len, die wissen dann mehr und verlangen mehr Gehalt."

So gibt es in Wien auch weiterhin keinen Kaffee, der Mayrs Ansprüchen genügt; und er selbst fühlt sich zu alt, um das zu ändern. Dabei wüsste er, wie es ginge. „Jeder zweite Satz von mir beginnt mit ‚Wenn ich jünger wär ...'." Dann gäbe es Kaffee aus den ver-schiedensten Geräten und Maschinen, von der Vakuumkanne bis zum Filterkaffee, mit den verschiedensten Gewürzen – Kardamom, Zimt, Chili – und einer eigenen kleinen Rösterei. So aber hat Mayr nur einige Tipps bereit, worauf Kaffeegenießer achten sollten. „Ein Espresso läuft in 20 bis 25 Sekunden aus der Maschine und wie ein Mäuseschwänz-chen muss er runterlaufen. Bei zehn Sekunden ist er sicher schwach, bei vierzig grauslich und verbrannt." Auch rund um die Maschine sollte alles passen: „Das Wichtigste ist, dass oben auf der Maschine die Tassen stehen, die sollten 40 Grad warm sein, außerdem muss

der Siebträger eingespannt sein, sonst kann es nur einen kalten Kaffee geben." Die Bohne selbst interessiert ihn „nur am Rande". Denn wenn die Zubereitung nicht passt, „nützt mir die beste Bohne nichts". Auch auf die ewige Streitfrage, ob Zucker in den Kaffee darf, hat er eine eindeutige Antwort: „Der Espresso ist sowieso ohne Milch und Zucker, aber bei einem Cappuccino sollte ich vom Zucker wegkommen, weil die Milch sowieso schon Zucker hat. Und durch die feine Art des Schäumens karamellisiert der Zucker in der Milch leicht. Das sollte ausreichen."

Bald aber könnte das Wissen des Edmund Mayr nicht mehr für die Öffentlichkeit verfügbar sein, denn langsam denkt er ans Aufhören. Nicht weil er das unbedingt will, aber „irgendwo bin ich es meiner Familie schuldig. Wir Sammler stehlen unseren Familien Zeit und Geld." Das Problem: Nachfolger ist noch keiner in Sicht, „aber ich hätte in den nächsten Jahren gerne einen". Damit das Museum erhalten bleibt, hier in Wien. „Immer wieder kommen Anfragen aus dem Ausland. Und wenn sich in Wien niemand findet, wird das halt woanders hinwandern." Aber vielleicht ist ja dort dann auch der Kaffee besser.

Vogelsanggasse 36, 1050 Wien • www.kaffeemuseum.at
Öffnungszeiten: Montag bis Donnerstag 9–18 Uhr, Freitag 9–14 Uhr
Eintritt frei

Im Piaristenkeller versteckt sich ein Museum, dessen Exponate
man aufsetzen kann – aber die Hüte sind eigentlich nur Nebensache

Auf freiem Feld ward ein roter Teppich ausgelegt, den Kaiser Leopold I., beim Volk unter dem Beinamen „der Schiache" bekannt, entlangschritt; die Gäste des Zeremoniells nahmen auf Sesseln Platz, die extra aus der Hofburg gebracht wurden. Der „Schiache" legte 1698 den Grundstein zu einem Kloster, das dem Orden der Piaristen gehören sollte. Wo damals noch nichts war, ist heute die Josefstadt, die ihren Namen von einem anderen Habsburger bekam, Leopolds Nachfolger Joseph I., Kaiser von 1705 bis 1711. Gewachsen ist sie rund um das Piaristenkloster.

Über 300 Jahre nach der Grundsteinlegung sind die Habsburger hier noch immer allgegenwärtig und auch Besucher des Hutmuseums dürfen entlangschreiten, allerdings einen schummrigen, nur mit Kerzen beleuchteten, gewölbten Gang. Ohne roten Teppich, dafür beschallt mit Marschmusik, die aus Lautsprechern kommt, die als einziges hier nicht aus der Zeit gefallen scheinen. Wenn sie möchten, tragen die Besucher dabei einen Hut, aber das ist alles ein bisschen komplizierter mit den Hüten und den Habsburgern und diesem Museum hier. Also von Anfang an: Auftritt Erich Emberger, Kommerzialrat mit weißem Vollbart, Gründer des Museums, Wahrer der Tradition. Seit über 30 Jahren betreibt er hier das „K.u.K. Restaurant Piaristenkeller" einen Stock über dem Museum, auch dieses ganz der Monarchie-Nostalgie gewidmet. Auf Wunsch wird zum Beispiel Sisis Hochzeitsmenü in Auszügen kredenzt, von der Fasanpüreesuppe über das Lamm mit Trüffelpolenta bis zum geeisten Mousse au Chocolate. Das zu rekonstruieren war gar nicht so einfach, „die Küchensprache war Französisch, die Schrift Kurrent und die Gewichtseinheiten waren andere", sagt Emberger. „Wir haben das Kaiserpaar hier sehr integriert, nicht, weil wir kitschig sein wollen, sondern weil dieses Haus seit der Gründung mit den Habsburgern verknüpft ist", erzählt er. Kaiser Franz Joseph habe etwa hier ums Eck reiten gelernt.

Der Volkskundler Emberger war eigentlich Trachtendesigner, damit kann man offenbar gut verdienen, ziemlich gut sogar. Mit dem Restaurant begann auch seine Sammelleidenschaft für Hüte aus der K.-u.-K.-Zeit, 25 Millionen Schilling, also fast 2 Millionen Euro, investierte er in das Museum, das 1997 eröffnet wurde. Bloß: Warum gerade Hüte? „Ein Hut", sagt Emberger, „war immer ein Zeichen der Macht, des Standes, der Würde. Bis hin zur Krone. Es ist seit Menschengedenken das wichtigste Kleidungsstück." Vierhundert Hüte umfasst die Sammlung heute, die meisten davon dürfen die Gäste aufsetzen – Offiziershüte die Herren, farbenprächtige mit Federn die Damen. „Das ist schon der Zweck der Sache, dass man sie nicht nur in einer Vitrine stehen hat", sagt Emberger, „sondern, dass die Menschen sie tragen und damit ein Foto schießen. Es gibt kein anderes Museum, in dem man die Sammlung aufsetzen darf." Es soll mehr sein als nur eine Ausstellung, Emberger möchte ein Erlebnis bieten. Die Hüte sind bloß der Auftakt, noch bevor die Gäste ins Gewölbe hinabsteigen und den Gang durchschreiten. 200 Kerzen beleuchten das Museum, in dem die Hüte nur noch eine Nebenrolle spielen. Zu sehen sind hauptsächlich Habsburger-Memorabilia: Gemälde von Kaiserin Elisabeth und Kaiser Franz Joseph, ein Elfenbeinfächer mit den Unterschriften der Generäle Franz Josephs, jener Stab, der für die Anklopfzeremonie bei Otto Habsburgs Begräbnis zum Einsatz kam und vieles mehr. Dazwischen Weinfässer mit einem Fassungsvermögen von bis zu 14 690 Litern.

Auch das Erleben geht abseits der Hüte weiter, Emberger deutet auf eine kleine Bühne, „and this is the world famous number one training center for hand kissing", sagt er in bestem Wiener Englisch. „Es wird immer jemand eingeladen, auf die Bühne zu kommen und seine Art des Handkusses zu zeigen und dann bekommt er gezeigt, wie der Hofhandkuss wirklich war." Auch Weinverkostungen, Hochzeiten und Taufen finden hier statt, ältere Kinder können einstweilen Fasslrutschen oder auf einem Sattel sitzen, den originalen Degen von Kaiser Franz Joseph ziehen „und *Attacke* rufen", sagt Emberger. Nur finden tut er ihn gerade nicht, den Degen.

Es sind aber nicht nur Touristen, die sich in seinen Keller verirren, von Vize-Kanzler Reinhold Mitterlehner hat er genauso ein Hutfoto wie von Jörg Haider, sagt er. Die russischen Oligarchen Oleg Deripaska und Roman Abramowitsch seien ebenfalls bereits hier gewesen und als 2014 der armenische Staatschef auf Besuch in Wien war, fand im Piaristenkeller das Galadinner statt. „Man nutzt das gerne, um österreichische Tradition herzuzeigen, die politisch unverdächtig ist", sagt Emberger.

Prominente Gäste haben den Piaristenkeller aber auch schon weit zurück in seiner Geschichte besucht. Wolfgang Amadeus Mozart schrieb in einem Brief an seine Frau, er habe sich im Piaristenkeller ein „Kapaundl", also einen kastrierten Hahn, schmecken lassen. Als Österreich 2006 die EU-Ratspräsidentschaft inne hatte und Mozart seinen 250. Geburtstag feierte, speisten die Innen- und Justizminister der EU bei Emberger zu Mozarts Ehren ebenfalls Kapaune. Dafür importierte er 1,5 Tonnen des speziellen Fleisches aus Frankreich. Und er glaubt fest daran, dass das Geburtstagskind selbst als Ehrengast dabei war. „Wo würden Sie denn als Engerl hinfliegen zu ihrem 250. Geburtstag? Natürlich dorthin, wo Sie sich auch unter den Lebenden wohlgefühlt haben."

Piaristengasse 45, 1080 Wien • www.piaristenkeller.at
Gruppenführungen auf Anfrage unter der Telefonnummer 01-406 01 93
Eintritt: 12,50 Euro inkl. eines Glases „Sisi-Perle"-Schaumwein

Sattel-
Fest

VS·1310

herpa

PHILIPS

MOTORRADMUSEUM
Der Wilde mit seinen Maschinen

Alexander Wolfsberger präsentiert in Meidling seine Sammlung
von Motorradoldies – und allen möglichen anderen Krimskrams

Wer klein ist, muss umso mehr auf sich aufmerksam machen. Das dachte sich jedenfalls Alexander Wolfsberger, als er im Jahr 2006 mit seinem Sohn sein kleines Motorradmuseum eröffnete. „Einen Pomp und Trara" wollte er veranstalten. Weshalb er die Erlgasse
in Wien-Meidling mit der vierzig Mann starken Blasmusikkapelle der Wiener Linien be-
schallen ließ. „Die haben so geblasen, die Leute hat es aus den Schuhen gehaut", sagt er,
immer noch sichtlich erfreut darüber.

Jetzt haben die Wiener Linien nicht allzu viel mit Motorrädern am Hut, aber das macht
nichts; eigentlich passt das sogar in Konzept. Denn hier versammeln sich verschiedenste
Dinge, die zunächst nichts miteinander zu tun zu haben scheinen. Wer das Museum
betritt, sieht zwar ein Dutzend Motorräder, aber auch eine Schaufensterpuppe mit Poli-
zistenuniform, eine Vitrine mit Fotoapparaten und alte Magnetophone. „Bei dir schaut
es ja aus wie bei einem Tandler", sagte Kultur-Stadtrat Andreas Mailath-Pokorny ihm
einst, erzählt Wolfsberger. Dabei hat alles ganz harmlos angefangen: Wie sein Sohn ist
er begeisterter Motorradfahrer, es sammelten sich einige Maschinen an und irgendwann
kam plötzlich die Idee: Die müsste man doch ausstellen. Mittlerweile ist die Sammlung
auf rund sechzig Stück angewachsen, gebaut zwischen 1932 und 1978. Es gibt nicht nur

zwei Schauräume, sondern auch eine Garage in Rust, in der Motorräder zwischengelagert werden. Die Räder werden immer mehr, ohne dass Wolfsberger etwas dafür tun muss: „Da rufen die Leute an, die Mitzi-Tant hat vom Pepi-Onkel was im Keller stehen und das wär bei Ihnen doch gut aufgehoben." Mittlerweile lehnt er sogar Motorräder ab. „Den achten Puch-Roller brauchen wir nicht", sagt er. Dafür hat er eben einiges anderes an- und in sein Museum aufgenommen.

Irgendwann kam zum Beispiel die Magnetophon-Sammlung des Schwiegervaters dazu. „Weil er bei der Firma Philips in der Entwicklung und einer der Mit-Konstrukteure von Magnetophonen war." Und die Fotoapparate. „Die sind von einem Mieter in der Wohnhausanlage hier. Er hat gesagt ‚Ich hab so viele alte Fotoapparate, meine Frau kann sie schon nicht mehr sehen, stellen Sie's ins Museum?'" Und die Polizeiuniform. „Die ist von einem guten Freund, der ist Polizist. Er ist ein bissl klein, deshalb ist die Hose so kurz, weil die Puppe größer ist – Sie sehen, es gibt für alles hier eine Erklärung." Sogar für die Scheinwerfer an der Decke. „Mein Sohn ist Lichttechniker. Andere haben einen Luster an der Decke, wir eben Scheinwerfer." Unter anderem arbeitete der für die Kristallwelten von Swarovski. Als Dank für ein Motorrad, das sich der Kristallglashersteller einmal ausborgte, bekam Wolfsberger für sein Museum einen mit Swarovski-Steinen besetzen Motorradsattel – „jetzt kannst dich nimmer raufsetzen, weil du sonst in den Scherben sitzt". Der Sattel steht aber schon im zweiten Raum des Museums. Die Räume sind an jeweils anderen Enden eines Gemeindebaus, nur für die Bediensteten von Post und Telekom

gebaut. Auf dem Weg zwischen den beiden Räumen gibt es auch ein leerstehendes Geschäftslokal, es soll der dritte Raum des Museums werden. „Es ist möglich, dass ich das auch noch kriege", sagt Wolfsberger. „Da war ein Friseur drin, der hat drei Leuten die Haare geschnitten und dann hat er wieder zugesperrt. Die werden entsprechend ausgeschaut haben."

Im zweiten Raum angekommen, springen erst einmal alte Radios ins Auge. Aber trotz all dem anderen Krimskrams: Im Grunde geht es ihm um die Roller, die auch hier aufgefädelt nebeneinander stehen. Nicht als Wertanlage, obwohl die Preise für Oldtimer gerade steigen und steigen – „manche kaufen gerade Oldtimer statt Gold" –, sondern „weil es uns Spaß macht". Und weil sie etwas über die Vergangenheit erzählen. An der Rollermarke, erzählt der ehemalige SPÖ-Lokalpolitiker, ließ sich damals der soziale Status ablesen, wie es heute bei den Autos der Fall ist: „In den Sechzigern hatten die Hackler einen Puch-Roller. Die ein bissl Besseren hatten einen Lohner-Roller. Die noch Besseren hatten eine Vespa. Und dann gab es den Mercedes unter den Rollern, Maico-Roller."

Maico-Roller hat er noch keinen im Museum, dafür sind alle bis auf zwei Maschinen angemeldet und werden regelmäßig ausgeführt. „Das Spannendste ist immer, ob wieder alle nach Hause kommen", sagt er und lacht. Das war aber auch früher schon so, als noch alle mit dem Roller gefahren sind: „Weil du auch das Geld für Autos nicht hattest. Du bist ja sogar in den Urlaub gefahren damit. Ich bin zu Verwandten meiner Mutter

Hochrad
B. ca. 1890

PUCH 250 SGS

mit dem Puch-Roller nach Tepplitz-Schönau bei Dresden gefahren. Auf tschechischen Straßen. Das waren sicher 500 Kilometer." Und im Winter wurde eben alles, was ging, auf den Roller gepackt, um in den Skiurlaub zu fahren: „Da haben wir links und rechts Ski angebunden, wer käme heute auf so eine Idee? Und die Skischuhe haben wir auf den Rücken geschnallt."

Mit dem Roller, mit dem er das erlebt hat, fährt heute noch sein Enkel – und damit nun schon die vierte Generation Wolfsbergers. Nicht weit weg davon steht auch die einzige japanische Maschine. Es ist auch die einzige, die bereits Elektronik eingebaut hat. „Die neuen Maschinen werden nie so alt werden, weil die Elektronik irgendwann kaputt ist", sagt Wolfsberger. Vier Generationen werden sie nicht mehr schaffen. Aber sein alter Puch-Roller vielleicht noch eine fünfte, Uropa ist Wolfsberger jedenfalls gerade erst geworden.

Erlgasse 35, 1120 Wien • www.motorrolldie.at
Öffnungszeiten: jeden ersten Donnerstag im Monat 18–20 Uhr
oder nach Vereinbarung unter der Telefonnummer 0664-325 66 19
Eintritt frei

Journalist· Kochen· Korbflechten Krankenpfl. Künstler·

Maschinenbau Maurer· Mechaniker· Metallarbeit· Milchwirtschaf

Radio· Redner· Reiten· Retten· Rudern·

Skifahren Sprechen lernen Spurenlesen Sternkunde

...rtsph ...tchn..r.igk... ...tusenzucht Hühnerzucht Insektenkun... Installatur.

...ern · Landwirtsch. Lederarbeit Leichtathletik Literatur · Markensamml...

...istrieren · Musik · Pflanzenkunde Photograph · Pionier · Radfahrer...

...uspieler · Schmied · Schneider · Schwimmen · Sekretär · Signalisi...

...freund · Tierkunde · Tischler · Vermessen · Vogelkunde · Volks...

Im Pfadfindermuseum erzählt Hanns Strouhal die Geschichte
der größten Jugendorganisation der Welt

Es war ein Schluck weiter Welt, ein Versprechen von Aufschwung. Davon gehört hatten schon die meisten, aber es war nichts weniger als ein Mythos. GIs, die amerikanischen Soldaten, hatten es immer getrunken, manchmal sogar verschenkt. Aber kaufen konnte es im Österreich des Jahres 1951, das sechs Jahre nach der Befreiung in Besatzungszonen eingeteilt war, niemand. Bis zu jenem Augusttag, als die Welt in Bad Ischl zusammenfand.

12 884 Pfadfinder aus 61 Ländern hielten dort ihr Jamboree ab, so heißen die alle vier Jahre stattfindenden internationalen Treffen der Jugendorganisation. Es gab sieben Unterlager, einen Brückenbauwettbewerb und zwei Lagerfeuerabende. Es wurden Pfadfinder-Abzeichen und Maultrommeln – das Symbol des Jamboree 1951 – verkauft; aber vor allem wurde dort aus Holzhütten zum allerersten Mal in Österreich Coca-Cola verkauft – an alle, nicht nur an GIs. Es war der amerikanische Traum zum Trinken. „Es leben noch welche, die damals dabei waren und wenn man die fragt, was sie damals mit dem Taschengeld gemacht haben, sagen die nur: Coca-Cola gekauft", erzählt Hanns Strouhal, Leiter des Pfadfindermuseums in der Loeschenkohlgasse im 15. Wiener Gemeindebezirk. Dem Jamboree in Bad Ischl war die Ausstellung seines Museums 2015 gewidmet, inklusive eines Nachbaus der Hütte, aus der damals Coca-Cola verkauft wurde.

Hanns Strouhal ist jener Mann, der in die Geschichte als jener Mann eingehen wird, der die Pfadfinderhistoriker in Österreich geeint hat: „Es gab das 1978 gegründete Institut für Pfadfindergeschichte und seit 1990 das Pfadfindermuseum, aber die haben sich auf persönlicher Ebene nicht verstanden." Strouhal vom Institut schaffte es gemeinsam mit seinem Gegenüber vom Museum, beide Institutionen 2004 unter einem Dach zu vereinen. Natürlich war auch er früher Pfadfinder, aber es ist nicht so, als hätte er sich das damals so sehnlich gewünscht. Er wollte „einfach wo dabei sein", und was noch erschwerend hinzu kam: „Viele Alternativen hat es auch nicht gegeben." Auch ins Museum ist er eher reingerutscht, „ich war nie so der Sammler, der größte Teil der Sammlung sind Geschenke und Nachlässe. Ich bin über die Geschichte eingestiegen." Die Geschichte der Pfadfinder beginnt 1907, gegründet wurden sie vom britischen Offizier Robert Badon-Powell, der auf der Brownsea-Insel das erste Pfadfinderlager abhielt und 1908 dann das Buch „Scouting for Boys" veröffentlichte, in dem erstmals vom „Learning by Doing"-Prinzip die Rede war. Vier Jahre später gründete Emmerich Tauber, genannt „Papa", die erste Pfadfindergruppe Österreichs in Wien-Erdberg. „Habsburg" benannte er die „Gruppe 1" der allerersten sechs Pfadfinder Österreichs. Sie entstanden aus der sogenannten „Jugendwehr", die bereits seit 1908 bestand – in der junge Burschen Soldaten spielten und die auch militärisch organisiert waren.

Heute muss niemand mehr irgendwo dabei sein wollen, heute gibt es das Internet, in dem alle vernetzt sind, aber die Pfadfinderei ist trotzdem kein Fall für das Museum, sagt

Strouhal: „Auch die Jugend von heute genießt das Abenteuer draußen – dass sie Facebook am Handy mithaben, ist aber auch klar." Rund 80 000 junge Menschen in Österreich sind Pfadfinder; „Wien ist natürlich ein schwieriger Boden, aber in Kleinstädten sind wir sehr erfolgreich – in Baden bei Wien gibt es sogar Wartelisten", sagt Strouhal. Weltweit gibt es 41 Millionen Pfadfinder und lediglich sechs Länder ohne Pfadfinderorganisationen: Andorra, China, Kuba, Laos, Myanmar und Nordkorea. Neben den Jamborees, die Strouhal meidet – „viel zu kommerzialisiert!" –, gibt es auch in den einzelnen Ländern regelmäßige internationale Lager, bei denen sich Pfadfinder aller Herren Länder treffen. „2010 war eines in Laxenburg mit 6 000 Teilnehmern, die Hälfte davon Österreicher. Da gibt es Modernes wie Geocaching oder ein Lagerfernsehen, aber es gibt auch noch immer Dinge wie Lagerbauten – die sind bis zu 15 Meter hoch – und es wird gekocht." Bei diesen Treffen ist auch Strouhal vor Ort; „wir fahren mit einem Kleinbus hin und bauen im Lager ein Museum auf." Alte Abzeichen und Uniformen könnte er dann in seinem Bus haben, genauso wie Sammlungen von Halstüchern, dem vielleicht bekanntesten Merkmal der Pfadfinder. Besonders begehrt sind für den Museumsleiter solche Objekte, die aus der Vorkriegszeit stammen: „Mit dem Einmarsch Hitlers wurden die Pfadfinder verboten, da gab es nur noch die Hitlerjugend. Die haben sich geholt, was sie gebraucht haben – Zelte und so weiter – und den Rest haben sie vernichtet", erzählt Strouhal.

Auch das eigene Museum gestaltet er regelmäßig neu, abseits eines Ganges mit allgemeiner Pfadfindergeschichte wechseln die Ausstellungen jährlich: „Wir bauen im Sommer immer um und im September wird jedes Jahr die neue Ausstellung eröffnet" – sein Museum ist jedes Jahr ein anderes, auch wenn es immer gleich heißt. Bei der Ausstellung zum Jamboree 1951 in Österreich gab es neben der Coca-Cola-Hütte etwa die einzigen bekannten Farbfotos des Lagers zu sehen, eine Schallplatte mit dem Jamboree-Lied – und ein Stück Seife. Die hatten die amerikanischen Besucher mit, weil sie sich nicht sicher waren, ob es so etwas im Nachkriegsösterreich überhaupt gab.

Loeschenkohlgasse 25, 4. Stock, 1150 Wien • www.pfadfindermuseum.org
Öffnungszeiten: Mittwoch bis Freitag 17–21 Uhr
und nach Vereinbarung unter der Telefonnummer 01-596 52 53 oder 0664-47 77 117
Eintritt: 1 Euro (Jugendliche), 2 Euro (Erwachsene)

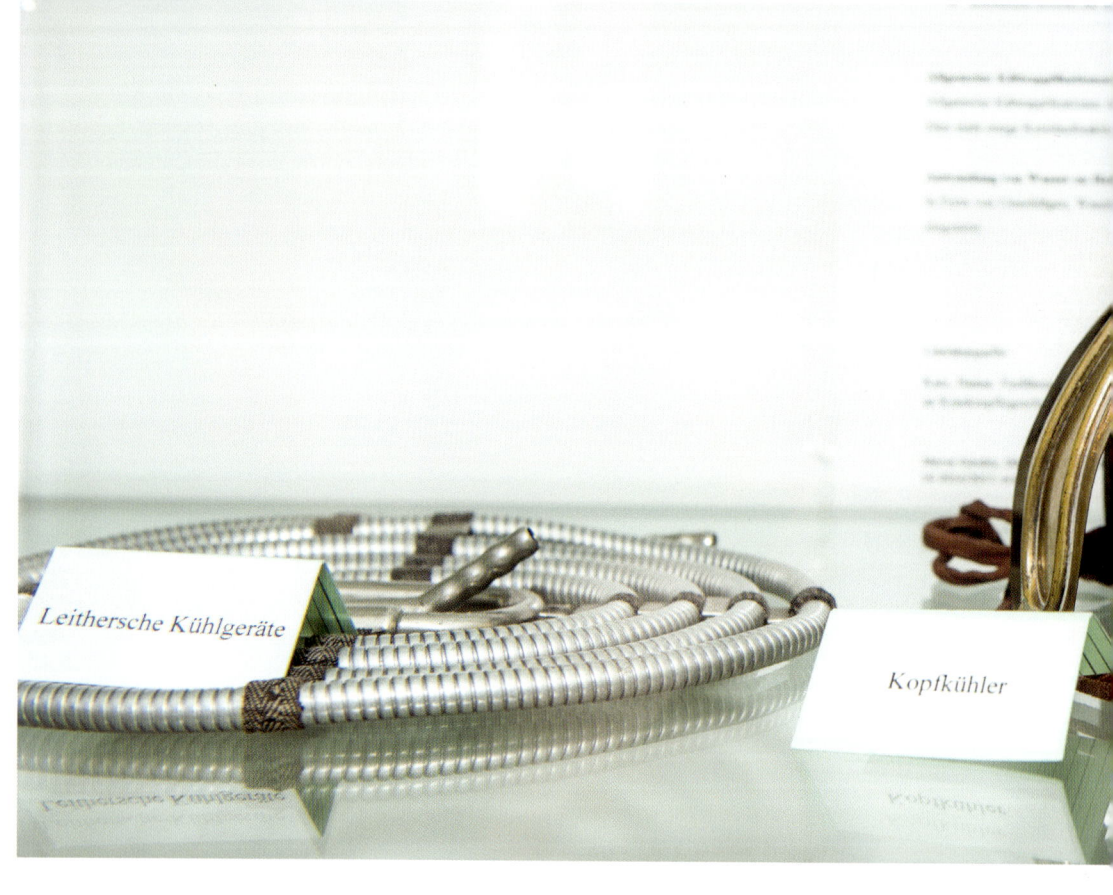

Leithersche Kühlgeräte

Kopfkühler

Im Pflegemuseum des Wilhelminenspitals ist
die Berufsgeschichte der Krankenschwestern zu sehen

Als kleines Kind wünschte sie sich nichts mehr als diese Haube. „Die hat mir gefallen, die hat so majestätisch ausgeschaut – ich habe mir dann immer ein kleines Küberl aufgesetzt." Birgit Wawschinek-Steuding lacht und dann sagt sie: „Ich bin Krankenschwester geworden, weil ich genau sowas immer aufsetzen wollte." Ein paar Jahrzehnte später hält sie nun die Haube wieder in der Hand und betrachtet sie skeptisch. Ein bisschen schaut sie tatsächlich wie ein weißes Küberl aus, der Stoff wird mit Reisstärke bearbeitet, damit er fest und faltbar wird; auch ihre Haube zu stärken und zu falten war früher Aufgabe der Krankenschwestern. Tatsächlich hat Wawschinek-Steuding in ihren drei Jahrzehnten als Krankenschwester die Haube dann „nur einmal getragen, zu meiner Diplomierung 1986", erzählt sie. Sie wurden damals schon nur noch zu festlichen Anlässen getragen und sind jetzt überhaupt ein Fall für das Museum.

Für das Pflegemuseum nämlich, das in der Pflegeschule des Wilhelminenspitals in Ottakring beheimatet ist, an der Birgit Wawschinek-Steuding neben ihrem Krankenschwesterndienst nun unterrichtet. Zusätzlich kümmert sie sich um das Museum, ehrenamtlich und ohne Budget. Gesammelt wird an der Schule seit 1987, das meiste sind Spenden verschiedener Stationen, aber „so lange ich den Platz hab, nehme ich alles, das ich noch nicht habe", sagt sie. 3 000 Objekte umfasst es deshalb mittlerweile und nicht bei allen Objekten wusste sie gleich, was das denn überhaupt ist. „Ich maile das immer als ‚Ding der Woche', wenn ich irgendwas bekomme, von dem ich nicht weiß, was es ist", erzählt sie. Etwa beim Larynx-Intubationsbesteck für Kinder, mit Aufsätzen in verschiedenen Größen, die sie zunächst an Orgelpfeifen erinnerten.

Das Museum selbst erstreckt sich über Schaukästen am Gang der Schule im ersten Stock und drei kleine Räume. „Wir sind ein Depot, das ausstellt", sagt Wawschinek-Steuding, „wir haben keinen museumspädagogischen Ansatz." Dass das Museum bestehen bleibe, „das ist der Spaß und die Liebe der Einzelnen, die hier mitarbeiten", sagt sie. Vor allem besuchen es Schulklassen aus dem In- und Ausland. Zur „Langen Nacht der Museen" werden auch die Schüler eingebunden, sie veranstalten Modenschauen mit Kranken-schwesterntrachten aus verschiedenen Zeiten und Ländern genauso wie sie sich auch gerne verkleiden, als Ignaz Semmelweis oder Florence Nightingale, die vielleicht berühm-teste aller Krankenschwestern und eine Begründerin des Berufsstandes.

Der Rundgang durchs Museum beginnt dann auch ganz am Anfang der Berufsgeschichte mit den ersten Lehrbüchern, denn „mit den neuen medizinischen Möglichkeiten um 1900, mit der Anästhesie beispielsweise, brauchten die Ärzte auch geschultes Personal, das assistieren konnte." Davor war es „ein sehr niedrig angesehener Beruf, den Frauen gemacht haben, damit sie es warm hatten, dort wohnen konnten und was zu essen

bekommen haben." Ein Frauenberuf ist es geblieben, heute ist gerade „ein Zehntel in der Ausbildung männlich", sagt sie. In früheren Zeiten waren Männer nur im psychiatrischen Bereich zu finden, „sie mussten groß und stark sein und haben auch Wärter geheißen", ganz im Gegensatz zu den Frauen in der Pflege. Auch die Beurteilungen von Krankenschwestern aus den Fünfzigern sind hier ausgestellt: „Sie waren verlässlich, eifrig, pflichtbewusst, flink, geschickt, ordentlich, hilfsbereit und gewissenhaft – da steht nix von einer Wissenskompetenz. Nett und hilfsbereit, nach solchen Kriterien wurde damals beurteilt", sagt Wawschinek-Steuding.

Dabei war es für die Patienten durchaus von Bedeutung, ob die Schwestern etwas von ihrer Arbeit verstanden: Wawschinek-Steuding hält ein Drahtgestell hoch, das ein bisschen an einen Beißkorb erinnert und Schimmelbuschmaske heißt. Es wurde den Patienten umgeschnallt, ein Tuch drüber gespannt und dieses mit Ether beträufelt. „Das war die Aufgabe der Schwester – die wusste, wie viel man draufträufeln musste, wie lange es gedauert hat, bis das verdampft ist und wann man nachträufeln musste, damit der Patient nicht plötzlich während der Operation aufwachte." Überhaupt war das mit dem Ether so eine Sache. „Ich kann mich noch an Ethernarkosen erinnern, da hat man Halluzinationen, die sehr unangenehm sind, ich kann mich noch immer an einen bestimmten Ton erinnern, den ich halluziniert habe – und der Geruch war auch sehr unangenehm." Weshalb Ether aus der Mode gekommen ist, wie so einiges andere auch. Einen Raum weiter steht ein Koffer, wie er im Zweiten Weltkrieg zum Einsatz kam; mit Instrumenten, Klemmen und

Morphin. „Und desinfiziert wurde mit dem Bunsenbrenner", sagt Wawschinek-Steuding. Oder das „Neurodermitis-Jackerl für Kinder, zum Beispiel bei den Windpocken, die jucken ja furchtbar." – die Arme der Kinder wurden dabei so fixiert, dass sie sich nicht kratzen konnten. An der Wand des Raums sind Schautafeln zu sehen, sie zeigen verschiedenste Kinderkrankheiten und damit etwas, das ein Comeback feiert, obwohl es eigentlich auch schon aus der Mode war: Kinder nicht impfen zu lassen. „Die Masern sind immer noch eine tödliche Krankheit, die auf Herz und Hirn gehen kann", sagt Wawschinek-Steuding. „Ob sie das einem Kind antun und einen bleibenden Schaden riskieren wollen, das sollten sich Eltern gut überlegen."

Monteleartgasse 37, 1160 Wien • www.wienkav.at/kav/ausbildung/allgemein/wil
Besichtigung und Führungen auf Anfrage

Von „Venedig in Wien", den „Leiden des jungen Werther" als Feuerwerk und
vielen anderen vergessenen Attraktionen erzählt Ursula Storch im Pratermuseum

Wenn der Stuwer ein Feuerwerk plante, dann war zweierlei klar. Erstens: Es wird spek-
takulär. Und zweitens: Es wird wahrscheinlich gar nicht stattfinden, weil es am Tag eines
Stuwerschen Feuerwerks immer regnet. Das hat Johann Georg Stuwer – nach dem heute
jenes Viertel im zweiten Bezirk benannt ist, in dem damals die Feuerwerke abgefackelt
wurden – auch irgendwann erkannt. Deshalb hat er begonnen, „Versicherungs-Billets"
zu den regulären zu verkaufen: Für einen kleinen Aufpreis waren diese Karten auch beim
Ersatztermin gültig. Die Feuerwerke – das erste wurde 1774 gezündet – waren ihren
Preis offenbar wert: Bis zu 25 000 Menschen zahlten dafür Eintritt. Stuwer hat mit Feuer
Konturen in die Luft gezeichnet; ein Schiff zum Beispiel, das eine Festung attackiert.
Die Szenen wurden auf einem 25 Meter hohen und 100 Meter breiten Gerüst mon-
tiert; und „wenn dann gekämpft wurde, sind die Feuerwerkskörper als Raketen geflogen",
sagt Ursula Storch, Leiterin des Pratermuseums. Überliefert ist sogar ein Feuerwerk, das
Goethes „Leiden des jungen Werther" dargestellt haben soll, „der Schreiber macht sich ein
bisschen lustig, weil die Proportionen nicht ganz gepasst haben, aber er beschreibt zum
Beispiel die Szene, wie Werther dem Lottchen einen Blumenstrauß überreicht – das ist
doch viel toller als das, was wir heute unter Feuerwerken verstehen."

Es ist nur eine jener vergessenen Attraktionen des Praters, die Ursula Storch im Pratermuseum präsentiert. „Venedig in Wien" ist eine andere, denn „der Prater war immer ein Ort, wo sich die Wiener die Welt ins Haus geholt haben", erzählt sie. 1895 war die Kaiserwiese unter Wasser gesetzt, zwischen venezianischen Palazzi, in denen es Cafés, Geschäfte und Glasbläser gab, konnten sich die Wiener in Gondeln herumfahren lassen. „Wenn Sie sich die Fotos anschauen, glaubt man nicht, dass das nicht das echte Venedig ist", sagt Storch. Damit den Wienern nicht langweilig wurde und damit sie jedes Jahr wiederkamen, wurde aus Venedig später eine spanische Stadt genauso wie eine japanische und „angeblich auch einmal eine gläserne, aber davon habe ich noch keine Fotos gefunden." Von den „imaginären Minireisen", wie Storch sagt, konnten sogar Postkarten verschickt werden, in einer Vitrine steht eine solche mit der Aufschrift „Gruß vom Nordpol!" – „in der Bude gab es wahrscheinlich Pappmaché-Eisschollen und einen ausgestopften Eisbären, aber man hat eine Idee bekommen, wie es am Nordpol aussieht".

Im April des Jahres 1766 eröffnete Josef II. den Prater, damals kaiserliches Jagdgebiet, für die Allgemeinheit. Es hat keine zwei Monate gedauert, bis die ersten Wirte des zweiten Bezirks Ansuchen stellten, entlang der Hauptallee Standeln aufzustellen, „das war die Keimzelle des Wurschtelpraters, die hatten oft schon ein Kegelspiel oder ein Kasperltheater dabei", sagt Storch. Und der Prater war „für alle Gesellschaftsschichten. Da waren die Adeligen und die Dienstmädeln".

Das Museum selbst und viele seiner Ausstellungsstücke gehen auf den Wiener Heimatforscher Hans Pemmer zurück, der seine Pratersammlung 1964 der Stadt Wien übergab – unter der Auflage, dass diese daraus ein Museum macht, das Pemmer einrichten darf und das 25 Jahre nicht verändert werden darf. Es war nach Ablauf der Frist an Ursula Storch, das Museum zu modernisieren; 1993 wurde es runderneuert wieder eröffnet. Es erzählt die Geschichte des Praters als Vergnügungspark, des grünen Praters und des Praters als Ausstellungsgelände; zu sehen gibt es einen ausgemusterten Lindwurm mit Plastikblumenkranz aus einer abgerissenen Grottenbahn genauso wie ein riesiges Ringelspielpferd – „weil damals die Erwachsenen Ringelspiel gefahren sind" – oder den Wahrsageautomat „Internationales Heiraths Vermittlungs Bureau".

Zur Weltausstellung 1873 rüstete der Prater noch einmal auf: Die 1937 wieder abgebrannte Rotunde – damals die größte Kuppel der Welt – wurde inklusive einem über einen Kilometer langen Ausstellungsgebäude errichtet, 55 000 Aussteller fanden sich in Wien ein und „angeblich hätte es zwanzig Tage gedauert, hätte man bei jedem Stand auch nur vorbeigehen wollen". Das Komitee der Weltausstellung hatte auch die Hoheit über den Wurschtelprater und aus 80 Hütten wurden 188, die allerdings alle eine Genehmigung der „hochlöblichen Weltausstellungskommission" brauchten, wie sie in den „wahnsinnig unterwürfigen und höflichen" Ansuchen adressiert wurde. Immerhin: „Es wurde sogar schon gegendert damals, was ich echt toll finde", erzählt Storch. „Die Vordrucke waren natürlich männlich, aber da wurden die männlichen Endungen cool durchgestrichen und die weiblichen hingesetzt." In den Briefverkehren von damals spiegeln sich Schicksale wider: „Jemand hat beispielsweise geschrieben, er will neben seinem Gebäude einen kleinen Zaun aufstellen, weil er Platz braucht, um Wasser für seine Krokodile zu kochen – die brauchen aus irgendeinem Grund abgekochtes Wasser. Aber die Kommission schreibt ihm, er soll das wegräumen, das stört den optischen Eindruck und das geht nicht. Und dann denk ich mir: Oh Gott, was ist mit diesen Krokodilen passiert?" Die Weltausstellung selbst stand unter einem schlechten Stern: Die Besucher blieben nicht nur wegen eines Börsenkrachs aus, sondern auch, weil in Wien die Cholera grassierte.

Das Wahrzeichen des Prater, das Riesenrad, tauchte erst 1897 auf, und dass es immer noch steht, ist überhaupt ein Versehen: „Eigentlich war es nur für ein bis zwei Saisonen aufgestellt, es war nie geplant, dass das über hundert Jahre da bleibt. Aber das sind so diese Wiener Provisorien, die es manchmal gibt und die dann endlos bleiben."

Oswald-Thomas-Platz 1 (Planetarium, beim Riesenrad), 1020 Wien
www.wienmuseum.at/de/standorte/pratermuseum.html
Öffnungszeiten: Freitag, Samstag und Sonntag 10–13 und 14–18 Uhr
Eintritt: 4 Euro (Erwachsene), Kinder und Jugendliche unter 19 haben freien Eintritt,
jeden 1. Sonntag im Monat für alle Besucher freier Eintritt

RAUCHFANG
AUSBRENNEN

D⟨OMINIK⟩ MELZER
RAUCHFANGKEHRER-
MEISTER

RAUCHFANGKEHRERMUSEUM
Des Glück is a Rauchfangkehrer

FRANZ
SOBOTKA
Rauchfangkehrermeister

Seit 1985 erzählt Josef Stern im Rauchfangkehrermuseum die Geschichte seines Berufsstandes; zu Silvester werden Jahr für Jahr rund 1 000 Besucher erwartet

Josef Stern drückt auf einem rosa Plüschschwein herum, auf seinem Bauch, seinen Füßen, seinem Ohr. „Das müsste singen können", sagt er grummelnd; aber gerade ist es ihm von der Vitrine gefallen und jetzt will es nicht. „Da muss ich wohl den Techniker holen", sagt der pensionierte Rauchfangkehrer in voller Montur, mit golden blitzenden Knöpfen auf der schwarzen Uniform und weißer Kappe. Aber gerade als er aufgeben will, beginnt das Schwein doch noch „Don't worry, be happy", zu singen und mit dem Fuß zu wippen. Stern hält es in der Hand und grinst zufrieden. „Hat uns eine Besucherin geschenkt", sagt der Gründer und Leiter des Rauchfangkehrermuseums in der Klagbaumgasse in Wieden.

Dass sich ein Schwein in ein Rauchfangkehrermuseum verirrt, hat weniger mit dem Berufsstand selbst zu tun, als mit dem Aberglauben, der ihn begleitet. Rauchfangkehrer bringen angeblich genauso Glück wie Schweine. „Es ist ein Aberglaube, aber ein positiver. Und selbst wenn es nix hilft, schadet es nix", sagt Stern. „Und es ist ein tolles Image." Immer zu Jahresende bereitet er das Museum auf seinen großen Auftritt vor, der sich verlässlich wiederholt. Zu Silvester hat das Museum zwar nur drei Stunden – von 14 bis 17 Uhr – geöffnet, erwartet werden aber rund 1000 Besucher. Stern und seine Kollegen werden jedem Erwachsenen ein Glas Sekt in die Hand drücken und den Kindern einen

Schokolade-Rauchfangkehrer. Und sie werden damit leben müssen, dass wohl nur die wenigsten von ihnen hier sind, um sich über die Geschichte der Rauchfangkehrer zu informieren; sondern eher, um dem Glück im nächsten Jahr ein bisschen nachzuhelfen.

Der Aberglaube begleitet das Museum seit seinem Beginn. Am 13. Dezember 1985 eröffnete Stern das Museum in einem ehemaligen Tröpferlbad, das Datum wurde bewusst gewählt: „Das Gebäude war baufällig, wir hatten überall Kerzen stehen, falls es einen Kurzschluss gegeben hätte, wäre der 13. schuld gewesen." Neben einer nachgestellten Rauchfangkehrer-Werkstätte aus den 1950ern oder einer Zunfttruhe aus dem Jahr 1784 nimmt der Rauchfangkehrer als Glücksbringer auch einen großen Teil des Raumes ein, in dem das Museum untergebracht ist – Postkarten mit Rauchfangkehrer-Motiven und Glücksbringer aller Art bis zurück in die Biedermeierzeit. Viele von ihnen stellen Frauen dar, obwohl es bis in die 1960er bei den Rauchfangkehrern keine Frauen gab – und bis heute nur zehn Prozent weiblich sind. „Weil sie schöner und dekorativer sind", sagt Stern. Daneben gibt es in einem zweiten Raum jedes Jahr Sonderausstellungen, von „Dose, Töpfe, Rauchverzehrer, das alles gibt's beim Rauchfangkehrer" bis zu „Neues Jahr und alte Öfen".

Aber warum bringt der Rauchfangkehrer eigentlich Glück? „Der Rauchfangkehrer hat über Jahrhunderte Unglück – also Brände – verhindert, deshalb ist er in die Rolle des Glücksbringers gerutscht. Wenn es früher gebrannt hat, wurden ja oft ganze Dörfer zerstört", erzählt Stern. „Außerdem haben Rauchfangkehrer die Schornsteine von Pech befreit."

1512 wurde Hans von Mailand von Kaiser Maximilian I. zum ersten konzessionierten Rauchfangkehrermeister bestellt, die lange Tradition bewog Stern, ein Museum zu eröffnen. Dazu kommt, dass der klassische Rauchfangkehrer mit dem verrußten Gesicht – „Sagen'S ja nicht dreckig, da werden wir grantig" – sowieso mittlerweile ein Fall für das Museum ist. Mit seinem Namen hat der Beruf nicht mehr viel zu tun, denn heute gibt es kaum noch Öfen, in denen feste Brennstoffe verheizt werden. 1959 hat Stern seine Lehre begonnen, „damals wurde noch gekehrt, heute wird fast nur noch überprüft", erzählt er. „Jetzt sind Rauchfangkehrer mit Messkoffern unterwegs. Wir könnten also auch schon mit anderen Gewändern gehen, aber wir halten die Tradition aufrecht."

Nicht zuletzt, damit die Menschen wissen, dass ihnen gerade ein Glücksbringer über den Weg läuft. „Einmal bin ich einem Schüler begegnet, der sich Glück für die Schularbeit gewünscht hat", erzählt Stern. „Am Nachmittag hab ich ihn wiedergetroffen und gefragt, ob es geholfen hat. Ja, meinte er, die Lehrerin hat ihn nicht beim Schummeln erwischt." Welchem Glück man auf die Sprünge hilft, kann man sich auch als Rauchfangkehrer nicht aussuchen!

Klagbaumgasse 4, 1040 Wien • www.rauchfangkehrermuseum.at
Öffnungszeiten: Sonntag 10–12 Uhr, Silvester 14–17 Uhr
Eintritt frei

Im Keller der Berufsschule Mollardgasse versteckt sich das sanitärhistorische Museum, in dem der ehemalige Lehrer Kurt Pant Geschichten rund um die Toilette erzählt

Einmal pro Woche hat er sich in seinen Bus gesetzt und alle Adressen abgeklappert, die ihm seine Spione zugeflüstert hatten. Was spannend war, wurde eingeladen, und am Ende des Tages war der Bus des Kurt Pant vollgefüllt mit sperrigen Öfen, Waschbecken oder Toiletten. Es war ein Schulprojekt, Kurt Pant, der Prototyp eines engagierten Lehrers und die Spione waren seine Schüler an der Berufsschule Mollardgasse im sechsten Wiener Gemeindebezirk. „Projekt-Kurti" nannten sie ihn schon damals in den Achtzigern; er ließ seine Schüler Graffiti an die Wände malen, spielte mit ihnen Fußball, gemeinsam bauten sie gratis Sanitäranlagen für Bedürftige in deren Wohnungen ein. Aber das Projekt, bei dem er hängen geblieben ist, ist das Sanitärhistorische Museum, entstanden zunächst als einmalige Ausstellung 1986 zum 75. Gründungsjubiläum der Berufsschule Mollardgasse.

Leicht zu finden ist sein Museum nicht, angeschrieben ist es draußen nirgends und drinnen müssen Besucher lange Gänge in der Mollardschule entlang- und Treppen hinuntergehen, bis in den Keller, wo sich das Museum in einem ehemaligen Heizraum verbirgt; auf zwei Stockwerken mit eingezogener metallener Zwischendecke. Es ist ein Ambiente, in dem auch Horror-Schocker spielen könnten, und wo einst Kokskessel standen, erzählt Kurt Pant nun die Geschichte des Sanitärwesens – als Hobby, denn als Lehrer ist er in Pension.

Warum ihn genau bei diesem Thema die Sammlerleidenschaft packte, kann er auch nicht wirklich erklären. Vielleicht, weil es ihn stört, dass „das stille Örtchen unter Verschluss gehalten wird. Bei den Römern war der Locus der Kommunikationsort, da hat man diskutiert, da ist man auf der Toilette gegenüber gesessen." Als er einst bei einem Museumsseminar war, referierte eine Psychologin, die Museumssammlern Probleme mit der Analphase attestierte. „Mein Sitznachbar meinte nur, ‚Los, frag sie, was du für ein Spezialfall bist, in deinem Museum stehen ja nur Kloschüsseln und Nachtscherm.' – sie hatte übrigens keine Erklärung dafür", erzählt Pant. Eines hat er mit den anderen Sammlern jedenfalls gemein: „Wenn man von dem Museumsvirus befallen ist, ist man rettungslos verloren, selbst bei bester Therapie." Aber im Museum gibt es trotzdem mehr zu sehen als nur Kloschüsseln.

Von längst vergessenen Berufen wie den Laternenwächtern, die bis in die Fünfzigerjahre allabendlich die Stadt erleuchteten, gibt es zu hören; im oberen Stockwerk steht neben diversen Öfen aus dem vergangenen Jahrhundert auch die letzte erhaltene Waschmaschine aus dem Karl-Marx-Hof. Zu sehen gibt es außerdem das Auftragsbuch eines Installateurs, dessen Kunde Sigmund Freud war, „und zwar ein schlampiger, der Installateur musste ständig zu ihm kommen." Zwanzig Aufträge von 1936 bis 1938 sind verzeichnet, dann musste Freud das nationalsozialistisch regierte Österreich verlassen, die „Wohnung wurde von der SS liquidiert". Das Auftragsbuch des Installateurs endet wenig später, im Jänner 1939; er war Jude und landete im KZ. „Ich hatte an der Schule den Dienstauftrag, alle Klassenbücher von 1938 bis 1945 zu vernichten", erzählt Pant, „aber ich habe sie erhalten und mit diesen Klassenbüchern habe ich Projektarbeiten mit den Schülern gemacht." Unter der schwarz-blauen Regierung hatte er Unterrichtsverbot, erzählt Pant. Weil er im Unterrichtsfach „Politische Bildung" über Rassismus sprach, sagt er.

Seine Schüler wussten ihn zu schätzen: Als Pant wieder einmal Probleme mit dem „sogenannten Organisationsmanagement" der Schule hatte – und das kam oft vor, denn „alles, was amtlich ist, ist mir wurscht" –, schenkte ihm einer seiner „Buam" den über hundert Jahre alten Nachttopf seiner Oma. Zur Aufmunterung. Unterrichtet hat der Mitte-Sechzig-Jährige fast alles, ob Politische Bildung, Wirtschaftslehre oder Buchhaltung. „Übrigens, Stichwort Buchführung: Jeder Schüler hätte bei mir ein glattes ‚Nicht Genügend' bekommen – und da wär die Eisenbahn drübergefahren –, wenn er auf Cross-Border-Leasing-Verträge eingestiegen wäre, so wie unsere Bürgermeister, die nicht mal die Grundlagen der Buchhaltung jemals gehört haben; die Anlagevermögen mit Umlaufvermögen verwechselt haben. Das war der ganze Schmäh hinter der Finanzkrise, für die wir bis heute noch brennen." Kurt Pant gehört zu jenen beneidenswerten Menschen, die sich noch aufregen können über die österreichische Politik, die noch nicht in Resignation und Verdrossenheit verfallen sind. Er kann sich in Rage reden über die „Gfrastsackln" und ihre Unfähigkeit, oder wie er es ausdrückt: „Da werd ich zur Wutoma!"

Aber eigentlich wollte er ja sein Museum herzeigen und schreitet die metallenen Treppen hinunter ins Herzstück des Museums, wo die Toiletten warten. Der Nautilus zum Beispiel, eine der berühmtesten Toiletten in der Form eines Fabelwesens. Eine Nachbildung zwar, aber ein Original „hat nicht mal Prinz Charles", sagt Pant. Und das heißt etwas, denn der ist „einer der größten Toilettensammler der Welt – aber das darf niemand wissen. Die ganze Welt beneidet ihn um seine Sammlung, aber sie gehört nur ihm und niemand darf sie sehen." Kurt Pant hingegen zeigt seine Toiletten gerne her, noch wichtiger als das Sammeln ist ihm die Pädagogik hinter dem Museum. „Meine Buam waren für mich immer der Parameter. Für mich war es wichtig, guten Unterricht zu machen und ich habe gesehen, was man den Jugendlichen über die Museumsschiene beibringen kann." Er hat sie alle angesteckt, mit dem unheilbaren Museumsvirus.

Mollardgasse 87, 1060 Wien
Führungen auf Anfrage unter der Telefonnummer 01-982 92 78

Die prunkvolle Registrierkasse gleich beim Eingang ist immer offen. Das muss so sein. Denn würden verwirrte Einbrecher das Museumsstück aufknacken, es gäbe niemanden mehr, der sie reparieren könnte. „Aber sie funktioniert immer noch tadellos, obwohl sie aus dem Jahr 1914 stammt", sagt Gerhard Fischer. Die Kassa ist eines seiner liebsten Ausstellungsstücke; sie erinnert ihn an bessere Zeiten. Damals, vor dem Zweiten Weltkrieg, bevor die Bomben sieben Betriebsstätten zerstörten, war die Destillerie Fischer ein riesiges Unternehmen; zu Zeiten der Monarchie gar der siebtgrößte Betrieb der Kronländer. Bis ins Jahr 1875 reicht die Geschichte des Betriebs zurück, gegründet wurde er als Kaufmannsgeschäft von Franz Pomberger. Dessen Schwiegersohn Friedrich Fischer eröffnete dann eine Likör- und Fruchtsäftefabrik, als erster stellte er industriell Himbeersaft her. Jahre später durfte er dann auch als allererster den Titel „Kommerzialrat" tragen. Aber 1945 war alles am Ende. „Es war der allerletzte Bombenangriff, der uns erwischt hat", erzählt Gerhard Fischer. Die Kassa hat keinen Schaden genommen, „die musste ich nur vom Staub befreien", aber die Schnapsbrennerei Fischer umso mehr: „Danach waren wir wieder ein kleiner Familienbetrieb."

Er hat es als Kind noch miterlebt, heute ist er weit über siebzig. 2013 erlitt er, immer noch arbeitend, einen Schlaganfall, saß zunächst im Rollstuhl, kämpfte sich aber zurück. Jetzt braucht er nur noch einen Stock und führt wieder eine Gruppe durch sein Alt-Wiener-Schnapsmuseum, das vom Destillieren und dem Familienbetrieb berichtet. Fischer erzählt nicht nur die Geschichte seines Comebacks, sondern auch von jenem seines Betriebs. So seltsam es klingt: Dass es den noch gibt, ist allein dem Umstand zu verdanken, dass er ein Museum wurde.

Als das Museum 1990 in der Wilhelmstraße in Meidling öffnete, stand der Betrieb kurz vor dem Aus. „Ich hab nie gewusst, warum Globalisierung schlecht ist", sagt Gerald Fischer, Gerhards Sohn und Chef des Betriebs. „Jetzt weiß ich es." Kleine Greißler und Branntweiner waren gerade endgültig verschwunden, für Supermärkte haben die Fischers zu geringe Mengen produziert. Fischer junior arbeitet bis heute nebenbei in der Reisebranche und hatte die Idee, den Betrieb in ein Museum zu verwandeln. „Wenn ich mit meinen Reisegruppen durch Schottland fahre, bleiben wir immer bei einer kleinen Whiskey-Destillerie stehen. Dort soll es dann gerade eine kleine sein. Das, was uns hier fast umgebracht hat, die fehlende Größe, ist dort etwas Positives. Deshalb wollten wir so etwas für Wien sein."

Der Plan ging nur so halb auf, „ich habe es mir ehrlich gesagt leichter vorgestellt". Rund 25 000 Menschen – „hauptsächlich australische Kampftrinker" – besuchen das Museum pro Jahr, aber die Massen an Touristen blieben aus. „Die meisten sind nur zwei Nächte in Wien und das Angebot ist riesig." Aber Gerald Fischer fing an, sich auch für den Betrieb

abseits des Museums zu interessieren – und suchte nach Nischen, in denen Qualität Platz hat und Käufer findet. „Gute Qualität ist auf der Strecke geblieben. Dafür ist die Chemie in unser Leben eingezogen. Wer steht denn schon vor einer Flasche Eierlikör um 5,99 Euro und überlegt sich, wie das gehen kann?", sagt Fischer und rechnet vor: „Zwanzig Prozent sind Mehrwertsteuer – also 1,20 Euro –, dazu kommt noch die Alkoholsteuer, rund 1,50 Euro. 25 Prozent sind Handelsspanne – wieder 2 Euro. Der Hersteller muss auch zumindest 50 Cent verdienen. Damit sind wir bei 5,20 Euro und es bleiben rund 70 Cent für die Herstellung des Produkts – noch ohne Flasche, Verschluss und Logistik." Gerade einmal ein Eidotter muss laut EU-Gesetz in einem Liter Eierlikör zu finden sein, „bei uns sind es zehn." Seine Nische fand er aber woanders, abseits der Eidotter: „In den Neunzigern haben wir den Absinth wiederentdeckt", sagt Gerald Fischer. „Unser großes Asset sind die alten Rezeptbücher vom Urgroßvater. Das älteste ist aus 1881, da hab ich nach einem Rezept gesucht. Der wurde dann in die USA exportiert und vom Wall Street Journal zum besten Absinth der USA gewählt." Es folgten unter anderem ein Manner-Likör – „da hab ich in den Supermärkten eine Chance, weil den darf nur ich machen" – und andere Eigenkompositionen wie ein Kentucky Bourbon mit Marillenlikör.

Der Senior steht inzwischen mit seiner Gruppe mitten in der Destillerie, hinter ihm Gläser und Flaschen mit Destillaten, vor ihm am Tisch die fertigen Produkte. Gerhard Fischer schaut eine Flasche an, „aha, das ist neu, das kenn ich selbst noch gar nicht", sagt er und lässt keinen Zweifel daran, dass ihn die Neuigkeiten auch wenig interessieren. Er klärt über die Unterschiede zwischen Geist und Brand, beides hundertprozentige Destillate, sowie Schnaps auf – letzterer ist mit anderem Alkohol versetzt. Dass sein Unternehmen auch Schnäpse und Spirituosen mit Zucker anbietet, gefällt ihm offenbar nicht, aber „ist ja wurscht." Bevor er zur abschließenden Verkostung lädt, räumt Gerhard Fischer jedenfalls noch mit Klischees auf: „Wie viel haben Sie in ihren besten Zeiten getrunken?", fragt eine Frau. „Ich? Gar nix. Ich bin Antialkoholiker", sagt Fischer. Mit Ausnahme eines Magenbitters aus eigenem Haus nach dem Essen: „Der besteht aus 38 verschiedenen Kräuter und für den hat mein Großvater von Kaiser Franz Joseph 1904 einen Staatspreis bekommen."

Wilhelmstraße 19–21, 1120 Wien • www.schnapsmuseum.com
Führungen nach Voranmeldung unter der Telefonnummer 01-815 73 00
Eintritt nur mit Führung: 7 Euro

SCHNEEKUGELMUSEUM
Weiße Weihnachten im Glas

200 000 Schneekugeln werden pro Jahr in der Schumanngasse gefertigt;
im angeschlossenen Museum erzählt Erwin Perzy III. die Geschichte der
Schneekugelmanufaktur

Es war 2009, im Jahr nach dem die Amerikaner einen neuen Präsidenten gewählt hatten, der ihnen Hoffnung gab und Wandel versprach. Da saß Erwin Perzy III. in seiner Werkstatt in der Wiener Schumanngasse und musste seine neueste Schneekugel noch einmal aufschrauben. Schuld daran war eben dieser Barack Obama. Gerade als die Begeisterung für den neuen Präsidenten erstmals abzuflauen drohte, blickte die Nation noch einmal verzückt ins Weiße Haus, denn dort hatte Obama gerade eines seiner Wahlversprechen eingelöst und seinen Töchtern ein Haustier geschenkt, den Portugiesischen Wasserhund Bo. Das hätte Erwin Perzy eigentlich herzlich egal sein können, aber auch er hatte gerade ein Geschenk für Obamas jüngste Tochter Sasha fertiggestellt: Eine Schneekugel mit der „First Family" als Miniaturfiguren. Da durfte das neue Familienmitglied nicht fehlen und Perzy bastelte noch einen schwarzen Hund dazu.

Seit über 110 Jahren werden in der Schumanngasse in Hernals Schneekugeln hergestellt, 2002 schenkte sich die Gründerfamilie Perzy ein Museum zur Manufaktur. Das Duplikat der Obama-Schneekugel ist aber nur eines von dreien im Museum, das ihren Weg ins Weiße Haus gefunden hat: Ronald Reagan hatte eine Schneekugel mit einer Miniatur des Farmhauses seiner Reagan-Ranch und Bill Clinton bekam von einem Freund eine besondere Kugel geschenkt: Statt dem Schnee enthält sie goldene Konfettischnipsel – jene, die bei seiner Siegesfeier von der Decke regneten. Das Museum erzählt die Geschichte, wie es so weit kam: 1900 versuchte der Chirurgieinstrumentenmacher Erwin Perzy, die Glühbirne zu verbessern. „Das Licht von Glühbirnen war zu dunkel für Operationssäle, damals wurden dort noch Gaslichter mit Flammen verwendet – die natürlich nicht steril waren", erzählt sein Enkel mit demselben Namen. Er füllte unter anderem eine Kugel mit Wasser und lichtreflektierenden Stoffen, scheiterte letztes Endes zwar an der Verbesserung der Glühbirne, erfand aber im Zuge der Experimente die Schneekugel – die er damals „Glaskugel mit Schnee-Effekt" nannte. Die erste von ihnen enthielt eine Zinnminiatur der Mariazellerkirche; ein Geschenk für einen Freund, das längst verschollen ist. Dafür gibt es im Museum die Werkbank des Gründers und eine immerhin rund neunzig Jahre alte Kugel zu sehen – wie bei allen frühen Kugeln schneit es auf eine Kirche.

„Mein Vater hat nach dem Zweiten Weltkrieg begonnen, auch etwas anderes als nur Kirchen zu machen: einen Weihnachtsbaum, einen Weihnachtsmann und einen Schneemann", sagt Perzy. Seit damals werden die Kugeln auch nach Amerika exportiert. Wo sie im Film „Citizen Kane" genauso auftauchen wie in „Eduard mit den Scherenhänden" oder „Kevin allein zu Haus". Bei den drei Motiven ist es natürlich nicht geblieben. „350 sind im Standardprogramm, insgesamt gibt es Tausende. Allein vom Christkindlmarkt gibt es 25 Motive", erzählt er. Beliebt sind neben Weihnachtsmotiven touristische wie das

Riesenrad; aber von Drachen bis zu den Schlümpfen gibt es kaum etwas, das nicht im Schnee steht. Und es werden ständig mehr. „Ich habe ununterbrochen Ideen, aber leider nur zwei Hände." Alle Motive werden selbst gebastelt und händisch bemalt, nur die Glaskugeln zugekauft. 200 000 werden mittlerweile pro Jahr hergestellt und zum Großteil um die Weihnachtszeit verkauft, in der Perzy von fünf Uhr morgens bis zehn Uhr abends in der Werkstatt steht. Seit 1987 leitet er den Betrieb, den er von Erwin II. übernahm. Eine Verpflichtung, die Dynastie zu erhalten? „Nein. Meine Eltern haben auch nie auf mich eingewirkt, aber ich kann mich auch nicht erinnern, dass ich als Kind Astronaut oder Pilot werden wollte. Ich wollte das immer schon machen." Unter seiner Ägide entstand auch das Museum. „Mit dem Museum kann ich den Menschen mein Produkt näherbringen. Die Menschen nehmen dann nicht nur die Kugel, sondern auch ihre Geschichte mit", sagt Perzy.

Nur eines erzählt er nicht: Wie die Schneemischung hergestellt wird. Die ist Betriebsgeheimnis, Erwin Perzy hat es selbst erst nach seiner Meisterprüfung zum Werkzeugmacher von seinem Vater erfahren. „Das gleiche Spiel mache ich jetzt mit meiner Tochter Sabine. Erst wenn sie den Betrieb offiziell übernimmt, werde ich es ihr verraten." Zum ersten Mal wird dann auch kein Erwin mehr die Schneekugelmanufaktur leiten.

Sabine Perzy hatte die Idee für einen der Bestseller der vergangenen Jahre: 1 000 Schneekugeln mit Schwedenbombe wurden als Hommage an den in Konkurs gegangenen Hersteller

gefertigt – und allesamt verkauft. Weiter beliebt sind auch solche mit Kaiserpinguinen, wie sie Robert Palfrader als Kaiser in der ORF-Sendung „Wir sind Kaiser" als Running Gag geschenkt bekommt. „Mein Großvater hat das nicht geschafft", sagt Erwin Perzy, „aber jetzt sind wir nach über hundert Jahren Geschichte doch noch Hoflieferant geworden."

Schumanngasse 87, 1170 Wien • www.viennasnowglobe.at
Das Museum ist nur für Gruppen nach Voranmeldung
unter der Telefonnummer 01-486 43 41 zu besichtigen
Eintritt frei

SCHREIB- UND RECHENMASCHINENMUSEUM

Herr W. und seine Maschinen

Helmut Waldbauer betreibt in Favoriten das „Österreichische Privatmuseum für Schreib- und Rechenmaschinen", aber im offiziellen Österreich interessiert sich niemand für seine Schätze

Auf den ersten Blick fällt es gar nicht auf, weil man den Anblick so gewohnt ist. Aber irgendwann schaltet sich der Verstand ein und er ist irritiert. Weil da rechts, neben dem unterschätzten Strichpunkt und dem aufgeregten Rufzeichen, eine @-Taste zu finden ist; auf einer Williams-Schreibmaschine, über hundert Jahre alt. Als hätte sich ein Zeitreisender einen Scherz erlaubt. Mails an franz@kafka.at oder marktwain23@gmail.com konnte damals niemand abschicken. Aber „es war ein gebräuchliches kaufmännisches Zeichen", erklärt Helmut Waldbauer. Fünf Äpfel @ 70 Cent. Der Mittsiebziger steht in einem Hinterzimmer seines Geschäftes in der Laxenburgerstraße in Wien-Favoriten, hier befindet sich das „Österreichische Privatmuseum für Schreib- und Rechenmaschinen". Es ist eine Parallelwelt, erfüllt vom Zauber einer Technologie, die ihren Charme daraus zieht, hoffnungslos veraltet zu sein. Rund 300 Exemplare stehen in Holzregalen, an den Wänden hängen goldene Firmenschilder. Mit 14 Jahren begann Waldbauer eine Mechanikerlehre, seitdem beschäftigt er sich mit Büromaschinen, seit 50 Jahren sammelt er welche. „Das Problem mit den Sammlern ist, die haben alle einen gewissen Pascher", sagt er. „Wer sammelt schon Schreibmaschinen?"

Der Mann, der Schreibmaschinen sammelt, trägt einen weinroten Pullunder und darunter eine Krawatte. Er hat den Fall einer gesamten Branche miterlebt; sein Sohn, der mittlerweile das Familiengeschäft übernommen hat, verkauft Drucker, Monitore und Taschenrechner. Jene Dinge, die die Schreib- und Rechenmaschinen vom Markt verdrängten, die heute in den Hinterzimmern des Geschäfts stehen. Waldbauer hat ein immenses Wissen über seine Maschinen, aber er teilt es nur mit jenen, die daran Interesse zeigen. Als einst ein Pensionistenverein anrief und mit seinem Museum ein Loch im Wien-Zeitplan füllen wollte, sagte er ab. „Um ein Loch zu füllen, mach ich das nicht. Das ist uninteressant." Und als eine Junglehrer-Gruppe einmal zuerst wissen wollte, wie lange die Führung dauert, beendete er sie sofort. „Da waren sie entsetzt." Außerdem haben sie viel versäumt.

Eine Schreibmaschine mit austauschbaren Buchstaben etwa, die nicht nur lateinische Schriften, sondern auch hebräisch oder kyrillisch tippen konnte. Ein Diktiergerät aus den Zwanzigern. Oder eine chinesische Schreibmaschine mit etwa 2 500 Zeichen, vom Besitzer eines Chinarestaurants mit der transsibirischen Eisenbahn nach Wien gebracht. „Keine Ahnung, wie der das gemacht hat. Schauen'S wie schwer die ist, das muss ein Horror gewesen sein." Aber auch eine Art Handy hat Waldbauer in seiner Sammlung: Eine kleine Schreibmaschine, die Kuriere mit einem Riemen auf den Arm binden konnten, um unterwegs Nachrichten zu schreiben. Und eine Remington-Schreibmaschine, wie sie einst Mark Twain gekauft hat – ohne damit glücklich zu werden. Als er seinen Verlegern erstmals nicht handgeschriebene, sondern getippte Texte schickte, interessierten die sich mehr für die Form als den Inhalt. Das verärgerte Twain so, dass er „die Maschine den Verkäufern wieder zurückgebracht und gesagt hat, den Dreck will er nicht."

Wäre Waldbauer selbst eine Romanfigur, hätte ihn aber nicht Mark Twain, sondern Thomas Bernhard in die Tasten klopfend zum Leben erweckt: Er hat sich seiner Sache mit Leib und Seele verschrieben, ist Experte auf einem Gebiet, für das sich sonst kaum jemand interessiert, und mit seiner Heimat verbindet ihn eine tiefe Hassliebe. Er hat sich auf österreichische Schreibmaschinen spezialisiert, „weil ich hier geboren bin und das Land liebe", aber trotzdem wundert er sich über seine Heimat. „Dass Österreich international funktioniert, ist erstaunlich. Alle bremsen so. Wir leben ein bissl in der Vergangenheit." Nur für die Vergangenheit, der er sich verschrieben hat, interessiert sich niemand, und er leidet darunter, in seiner Heimat nichts zu gelten. „Das Technische Museum hätte schon Interesse an meinen Maschinen gehabt, aber die wollten, dass ich sie hinbringe, gratis natürlich, und die Sache vergesse. Die wären in einem Lager gelandet und das wollte ich nicht." Deshalb stehen 350 seiner Rechenmaschinen jetzt im Arithmeum in Bonn. „Die Deutschen haben das anders gemacht, die machen die tollsten Ausstellungen, die haben ein Buch über meine Rechenmaschinen gemacht, da haben zwanzig Leute mitgearbeitet."

Und wie die Bernhardschen Figuren sieht er auch immer den Nationalsozialisten im Österreicher. „Wir brauchen nicht reden, wir sind mindestens so wie die IS gewesen, die die Leute köpfen. Wir haben es staatlich gemacht. Sie brauchten nur sagen, ‚Na ja, der Hitler, ob der

richtig ist', das hat schon genügt." Jene Schreibmaschinen, die aus der NS-Zeit stammen, stehen nicht in seiner regulären Ausstellung, dort will er sie nicht haben, mit ihren SS-Runen und Hakenkreuzen. Sie sind in den Keller verbannt, ins „Gruselkabinett", wie er die Räume nennt, die über eine kleine, schmale Wendeltreppe mitten im Geschäft zu erreichen sind. Dort steht auch eine „Hitlermühle", eine Chiffriermaschine, von den Nazis vor Kriegsende in der Ostsee versenkt und fünfzig Jahre später wieder geborgen.

Auch Curt Herzstark, der Erfinder von Waldbauers Lieblingsmaschine, der Rechenmaschine Curta „musste 1943 nach Buchenwald und ist nur mit Glück davongekommen." Es ist eine Kleinrechenmaschine, „in der Mechanik unerreicht". Herzstark ist eine eigene kleine Sammlung gewidmet; seine Pässe, seine Ziehharmonika, der Gipsabdruck seines Fußes bei der Geburt, 120 Jahre alt. Es ist erstaunlich, dass Waldbauer neben seiner Sammlerleidenschaft – „alte Telefonbücher sammle ich auch" – nicht nur Zeit für sein Geschäft, sondern auch für eine Familie hatte. Es wundert allerdings nicht, dass er seit 30 Jahren keinen Urlaub mehr machte. „Ich vermisse ihn auch nicht, ich bin zu unruhig. Wenn ich irgendwo bin, schau ich immer, wo die Altwarentandler sind." Seine Frau Margit ist trotzdem immer noch an seiner Seite – 2014 war ihr 50-jähriges Jubiläum. Vielleicht, weil er weiß, wann er die Maschinen ruhen lassen muss: „Briefe hab ich ihr immer nur mit der Hand geschrieben."

Laxenburger Straße 37, 1100 Wien
Führungen auf Anfrage unter der E-Mail-Adresse curta@waldbauer.com

2

500 Schuhe sind im Wiener Schuhmuseum ausgestellt und beim
Crazy-Shoe-Award werden Jahr für Jahr die originellsten Schuhe prämiert

Vielleicht hat es auch ein bisschen streng gerochen. Aber auf jeden Fall dürften die Schlangen vor den Garderoben der Theater in den Wintern der 1920er ein wenig länger gewesen sein. Schließlich mussten die Besucher nicht nur ihre Mäntel abgeben, sondern auch die Galoschen abstreifen. Das waren damals gebräuchliche Überschuhe, die vor Nässe und Kälte schützen sollten. „Sowas wie ein Regenmantel für Schuhe. Winterschuhe gab es damals noch nicht", sagt Franz Schulz, Leiter des Wiener Schuhmuseums. „Die sind vulkanisiert worden, wie Autoreifen."

Einer der Männer, der sie repariert hat und dessen Galoschen-Reparaturscheine im Schuhmuseum in der Florianigasse im achten Bezirk zu sehen sind, war der Großvater von Franz Schulz. Der Enkel war damit bis zu seiner Pensionierung Schuhmacher der dritten Generation. „Das ist aber die letzte gewesen", sagt er. Seine beiden Geschäfte sind geschlossen. Wie so viele andere auch. In Wien gibt es gerade noch 50 Schuhmacher, von denen die Hälfte nur orthopädische Schuhe fertigt. Um 1900 waren es in Wien noch rund 10 000 Schuhmacher. Sogar Franz Schulz trägt heute Schuhe aus der Fabrik. „Aber sehr gute aus Leder. In der Pension hat man ja keine Zeit, deshalb keine selbstgemachten. Ich würde niemals Plastikschuhe anziehen, darauf lege ich schon

OUR WORKS AND IRON FOUNDRY
MACHINERY AND COMPLETE OUTFIT
FOR THE WHOLE LEATHER TRADE

großen Wert." Schulz' Erbe ist das Museum, das 1992 eröffnet wurde und um das er sich seit einigen Jahren kümmert. Es ist in einem historischen Raum untergebracht: „Früher wurden hier Gesellen- und Meisterprüfungen abgehalten, ich persönlich hatte meine auch hier", sagt Schulz, der mit den zurückgekämmten Haaren, dem Schnurrbart und dem weinroten Sakko auf den ersten Blick auch als Wiener Strizzi durchgehen würde.

Wo einst die Zukunft der Zunft getestet wurde, ist heute nur noch die Vergangenheit ausgestellt. Aber am Aussterben sei der Berufsstand trotzdem nicht, erzählt Schulz. „Schuhmacher gilt als klassischer Männerberuf, aber es werden heute immer mehr Frauen, die vor allem über die Modeschiene kommen. Und die Kreativität ist bei den Damen", erzählt er. Einmal im Jahr, als Mitternachtseinlage des Schuhmacherballs, werden die originellsten Schuhschöpfungen beim sogenannten Crazy-Shoe-Award auch prämiert. Und danach ein Jahr lang im Museum ausgestellt. Schuhe in Form von Mini-Formel-1-Autos, in Boxhandschuhe eingearbeitete Schuhe, Trachtenschuhe mit kleinen Hirschgeweihen zum Beispiel. Vorschrift ist dennoch, dass es Schuhe sind, in denen man gehen kann und die beim Ball am Catwalk präsentiert werden können. „Rund die Hälfte der Schuhe dort kommen von Frauen", sagt Schulz.

Etwa 500 Schuhe sind im Museum insgesamt zu sehen, das von der Innung der Schuhmacher betrieben wird und zwischen 2 000 und 3 000 Besucher pro Jahr hat. Nicht alle sind linke oder rechte – „das ist erst mit der Zeit entstanden, früher gab es Einheitsschuhe" –, aber über ihnen allen hängt ein Wappen an der Wand, das der Kaiser 1780 den Schuhmachern verliehen hat. Es zeigt einen Schnabelschuh mit Kaiserkrone – und mittendurch einen Pfeil. „Der besagt, dass den Schuhmachern das Jagdrecht auf Niederwild verliehen wurde. Das war eine besondere Auszeichnung – und es wurde übrigens nie aufgehoben", sagt Schulz. Vor schießwütigen Schuhmachern muss sich trotzdem niemand fürchten: „Es galt nur für Pfeil und Bogen und die Jagd damit ist längst verboten." Das älteste Ausstellungsstück des Museums ist allerdings noch viel früher datiert, es stammt aus der Römerzeit. „Eine Sandale, das war eine Grabbeigabe eines Legionärs bei Carnuntum", sagt Schulz. Aber es sind nicht nur Schuhe aus Österreich zu sehen, aus China stammt zum Beispiel ein Schuh mit enormen Plateaus: „Die Damen, die solche Schuhe trugen, mussten nicht gehen damit, das waren Fürstinnen, die in der Sänfte getragen wurden. Nur: Wenn sie aufgestanden sind, waren sie größer und haben über die anderen drüber geschaut – und genau das war der tiefere Sinn dahinter." Bei anderen Schuhen geht es eher um die Füße, die in ihnen steckten: Die ersten Skischuhe von Peter Rapp. Die Jagdstiefel von Kaiser Franz Joseph. Die Fußballschuhe von Matthias Sindelar, Fußballstar der frühen Dreißiger. „Da hat sich viel geändert, die waren vorne noch ganz fest, damit man einen Spitz schießen konnte. Heute sind sie weich, weil man ein Gefühl beim Schießen braucht. Damals hatten wir noch ein Wunderteam, heute haben wir leider keines mehr. Aber das liegt zumindest nicht nur an den Schuhen." Zu einem anderen ausgestellten Paar Schuhe hat Schulz einen ganz persönlichen Bezug – den

Hochzeitsschuhen seiner Frau, die er selbst gemacht hat. „Die bestellten Schuhe sind nicht rechtzeitig gekommen, dann hab ich sie schnell noch selbst gemacht. Sie haben sie zwar gedrückt und wie der Pfarrer gefragt hat, hat sie nicht ‚ja', sondern ‚au' gesagt. Aber wir sind noch immer verheiratet."

Florianigasse 66, 1080 Wien • www.schuhmuseum.at
Öffnungszeiten: jeden zweiten Dienstag im Monat von 16–19 Uhr
Eintritt: 3,50 Euro

Im Schulmuseum erzählt Oskar Achs, wie die Schule von früher
ausgesehen hat – und was sie den Kindern alles angetan hat

Heutzutage gilt der Satz „Der Hund hat meine Hausaufgaben gefressen" als dümmste –
und mutigste – aller Ausreden, wenn man zu faul war, sie zu machen. Um die Jahrhundertwende gab es eine viel bessere: „Entschuldigung, es hat geregnet." Denn damals schrieben
die Schüler meist noch auf Schiefertafeln, die immer wieder beschrieben werden konnten.
Ein kleiner Schwamm hing an einem Schnürchen, die Redewendung „Schwamm drüber" erinnert noch heute daran. Allerdings hatten Schnee und Regen auf dem Schulweg
dieselbe Wirkung. Und Ausreden hatten damals noch sehr schmerzhafte Konsequenzen.

Oskar Achs, wissenschaftlicher Leiter des Schulmuseums, legt die Schiefertafel – „schaut
aus wie ein Tablet, oder?" – beiseite und holt das berüchtigte Rohrstaberl hervor, mit dem
Schüler ohne Hausaufgaben geschlagen wurden. Oder unaufmerksame Schüler. Oder
Schüler, die die Hände nicht auf der Sitzbank hatten. „Damals haben auch die Eltern
noch gesagt: ‚Wenn er schlimm ist, geben'S ihm halt eine'", sagt Achs. Er steht in einem
Klassenzimmer, das genauso aussieht, als wäre es aus der Zeit der Jahrhundertwende und
alles, was sich darin findet, stammt auch aus dieser Zeit. Das Wiener Schulmuseum ist in
einer ehemaligen Schule in Breitenlee am Wiener Stadtrand untergebracht; früher wurden
dort zwei Klassen unterrichtet. „Damals waren rund 60 Schüler in einer Wiener Klasse, in

Niederösterreich waren es bis zu hundert", erzählt er. Zwei der Schulräume waren Klassenzimmer, im dritten wohnte der Direktor. „Damals sind die Lehrer aufs Land gezogen, um zu unterrichten und dann haben sie oft in den Schulen oder beim Wirten gewohnt."

Als die Schule gebaut wurde, war auch Breitenlee noch am Land und Teil von Niederösterreich, seit 2001 ist das Schulmuseum hier untergebracht. Der „Verein Wiener Schulmuseum" wurde schon um einiges früher, im Jahr 1992, gegründet, „um die Vergangenheit des Unterrichts zu bewahren." Er betreibt nicht nur das Schulmuseum, sondern ist ein wissenschaftlich-pädagogisches Kompetenzzentrum für die Bildungs- und Schulgeschichte, erzählt Oskar Achs. „Jeder geht in die Schule, aber wenige kennen die Zusammenhänge." Er selbst unterrichtete Geschichte und Deutsch, war Direktor des Wiener Abendgymnasiums und Autor von Büchern über Geschichte. An der damaligen Pädagogischen Akademie unterrichtete er außerdem Politische Bildung.

Im Klassenzimmer des Schulmuseums erläutert er nun die „geheimen Disziplinierungsmaßnahmen" der Sitzbank, die ein Klappfach hatte, das eine schiefe Schreibfläche offenbarte, aber so wenig Platz ließ, dass „man als Kind fast schon körperlich fixiert war. Da sind sie gesessen wie die Soldaten, das große Vorbild der Schule. Hände auf die Bank hat es geheißen", erzählt Achs. Der Lehrer hingegen saß an einem Tisch, der auf einem Sockel thronte, hinter ihm ein Bild des Kaisers und ein Kruzifix. Eine alte Karte aus der Zeit vor dem Ersten Weltkrieg findet sich im Raum genauso wie ein Wasserwandl, da die Klassenzimmer damals noch kein fließendes Wasser hatten. Und an der Wand hängt ein ganz besonderes, 104 Jahre altes Stück: Ein sogenannter Fleck, das war ein besticktes Stück Stoff, auf das Schulmädchen alle Buchstaben und Ziffern stickten und mit Zierleisten versahen. Den Fleck präsentierten sie später ihrem künftigen Ehemann, um ihm zu zeigen, dass sie einen Haushalt führen konnten. „Deshalb sagt der Volksmund ‚Vom Fleck weg heiraten'", sagt Achs.

Neben dem Klassenzimmer gibt es außerdem einen Schauraum mit physikalischen Geräten für den Unterricht und wechselnde Sonderausstellungen. Aktuell wird nicht nur eine über den Einfluss der Dampfmaschine auf das Schulwesen vorbereitet, sondern auch eine zweite über die Schule im Ersten Weltkrieg, für die Achs besondere Schätze aus dem Archiv holt: Kinderzeichnungen, die im Unterricht angefertigt wurden. „Da war der Zeichenunterricht auch Kriegsunterricht, da wurde gezeichnet, wie man den Feind erschießt", sagt er.

Nach dem Ersten Weltkrieg setzte Otto Glöckel die erste große Schulreform durch, die vor allem den Einfluss der Kirche zurückdrängte. Unter Kreisky fand in den Siebzigern die zweite statt, die unter anderem die Koedukation von Buben und Mädchen zur Pflicht machte. „Damals hab ich schon für die Reform mitgekämpft", sagt Achs, der 1963 zu unterrichten begann. Aber trotz aller Veränderungen: Die drei grundlegenden Kulturtechniken Lesen, Schreiben und Rechnen wurden eigentlich schon immer unterrichtet.

In den kommenden Jahren könnte sich zum ersten Mal seit Jahrhunderten etwas ändern: „In Finnland gibt es die Überlegung, nicht mehr schreiben zu lernen, sondern gleich zu tippen", erzählt Achs. Die Entscheidung, ob das Schreiben als Kulturtechnik überlebt, „hängt aber nicht von der Schule und schon gar nicht von ein paar Pädagogen ab, die sich das einbilden. Sondern von der ökonomisch-industriellen Entwicklung – die ist ein Motor für die Schule." Pädagogen hätten trotzdem noch genug Aufgaben für die Schule; Achs wünscht sich ein Abwenden von „Pseudotests" und eine Rückbesinnung auf „die Werte der Reformschule". Denn „man kann nicht sagen, man individualisiert ständig und gleichzeitig prüft man alle dieselben Sachen und macht Rankings." Was er im Schulmuseum zeigt und aufzeigt, ist keine nostalgische Verklärung der guten alten Zeit. Es ist vielmehr eine Mahnung, dass eine Schule, die sich nicht weiterentwickelt, irgendwann ein Fall für das Museum wird.

Breitenleer Straße 263, 1220 Wien • www.wienerschulmuseum.at
Besichtigung inklusive Führung auf Anfrage unter der Telefonnummer 0660-680 56 86

SPRACHINSELMUSEUM
Versinkende Inseln

Das Sprachinselmuseum befasst sich mit österreichischen Dialekten,
die sich abseits der Landesgrenzen erhalten haben – und nun langsam aussterben

Um den „Nudlvingar" ist ein regelrechter Streit entbrannt. Sagt man das? Und wenn ja,
wie schreibt man es? Es war die Aufgabe der Schüler in Tischelwang, ein Wörterbuch
zu erstellen, in dem ihr Dialekt, den kaum mehr jemand spricht, dokumentiert werden
sollte. Sie zeichneten unter anderem einen Menschen und benannten seine Körperteile
im Dialekt, den sie oft von ihren Großeltern erfragen musste. Der „Nudlvingar", das
ist der Daumen auf tischlbongerisch, so heißt der Dialekt der Sprachinsel Timau – oder
deutsch Tischelwang – in der italienischen Republik Udine. Im 12. Jahrhundert wurde
der Ort von Auswanderern aus dem Kärntner Gailtal besiedelt, heute herrscht dort ein
Sprachgewirr: Friaulisch ist die Umgangs-, Italienisch die Schriftsprache und in einigen
Familien hat sich der aus dem Kärntnerischen stammende tischlbongerische Dialekt erhalten. Italien kennt mehrere deutsche Sprachinseln, aber beispielsweise auch im slowe-
nischen Koĉevje (deutsch: Gottschee) oder bei den Landlern im rumänischen Siebenbürgen
haben sie sich seit dem Mittelalter erhalten – integrationsunwillig würde man das heute
wohl nennen.

1972 wurde der „Verein der Sprachinselfreunde" gegründet, „aus wissenschaftlichen wie
politischen Gründen", wie die Vorsitzende Ingeborg Geyer erzählt, die selbst über die

Sprachinsel in Timau dissertierte: Die Förderung einiger Sprachinseln in Italien war über das Gruber-De-Gasperi-Abkommen garantiert, das den Sonderstatus Südtirols nach dem Zweiten Weltkrieg festsetzte; andere Sprachinseln waren davon nicht betroffen. Das Unterrichtsministerium wollte sie damals nicht nur wissenschaftlich erforschen, sondern durch den Verein als Mittler auch fördern lassen. Zehn Jahre später entstand zusätzlich zum Verein auch das „Österreichische Sprachinselmuseum", bestückt mit Gegenständen aus den Inseln, von einem „Lotter" – der Figur eines Mannes – in Lebensgröße bis hin zu hölzernen Schneeschuhen oder Fallen für Bilche, siebenschläferartige Tiere, deren Felle verarbeitet wurden.

Aber die Mittlertätigkeit des Vereins fand mit der Minderheitenförderung der EU sein Ende und ein wirkliches Museum gibt es mittlerweile auch nicht mehr, seit der Verein die Räumlichkeiten in einem feuchten Keller gegen eine kleinere, aber trockene Wohnung in der Hardtgasse in Wien-Döbling getauscht hat. Die meisten Ausstellungsstücke stehen jetzt in Kisten herum und werden nur für Ausstellungen andernorts ausgepackt – es ist quasi ein Museum auf Abruf, weil „ich hab ja gar nicht genug Platz", sagt Geyer. Weshalb vom Lotter nur noch die Miniaturausgabe herumsteht. Außerdem geht es hier um Sprache, um ihre Veränderung und Dokumentation und deshalb ist die etwa 4 000 Exemplare umfassende Bibliothek das eigentliche Herzstück des Vereins wie auch des Museums. Und die Besucher der auf Anfrage zugänglichen Sammlung sind meist Studenten, die sich mit den Sprachinseln befassen.

Je größer die Sammlung wird, desto schlechter ist das für die Sprachinseln, denn „je mehr Bücher und Wörterbücher über eine Sprache entstehen, desto weniger Sprecher gibt es", sagt Geyer. Die meisten von ihnen sind Jahrhunderte nach ihrer Entstehung nun vor dem Aussterben, schuld daran „ist schon die Mobilität", sagt sie. Selbst sieht sie das „leidenschaftslos, Sprache verändert sich einfach überall". Auch die Dialekte in den Sprachinseln haben sich von den Ursprungsdialekten teilweise schon so weit entfernt, dass sie von den meisten Österreichern nicht mehr verstanden würden. Aber „ein Osttiroler versteht die Tischelwanger sehr gut", sagt Geyer. Als deutsch würden die Insulaner ihren Dialekt auch gar nicht bezeichnen, „sie sagen ‚unsrig'", erzählt Geyer. Im Mittelalter wurden sie – teilweise unfreiwillig – losgeschickt, um karge Gebiete zu besiedeln; sie hatten ihre alte Heimat verlassen und wurden in der neuen oft nicht akzeptiert – „in den nächsten größeren Städten wurden sie ausgelacht für ihre Sprache" – und so entstanden eingeschworene Gemeinschaften.

Ende des 19. und Anfang des 20. Jahrhunderts wiederholte sich dasselbe nochmal – nur wechselten die Auswanderer nun gleich den Kontinent. Viele Burgenländer zog es nach Chicago – „dort gab es zeitweise mehr Burgenländer als in Eisenstadt" –, einige Tiroler hingegen besiedelten Brasilien. „Das waren meist Knechte und Mägde, die kein Haus und keinen Grund hatten." Sie wurden gezielt angeworben, weil es in Brasilien „nach der Abschaffung der Sklaverei zu wenig Leute für die Kaffeeplantagen gab". Die auswanderungswilligen Tiroler bekamen dort Ländereien, aber die waren „mitten im Urwald. Das

klingt toll, aber da geht es bergauf und bergab, da gibt es Felsen und Wasserfälle", erzählt Geyer, die fast alle Sprachinseln bereist hat. Zwei Tiroler Siedlungen gibt es bis heute in Brasilien, das „Dorf Tirol" und „Dreizehnlinden" – vor allem letztere versuchen sich am Tourismus, dem Urlaub am Bauernhof mitten im Dschungel. „Die übertreiben das ja maßlos, die haben die strengsten Bauauflagen überhaupt. Dort ist alles vertirolert bis zum Gehtnichtmehr", erzählt Geyer. Deshalb ist der größte Betrieb des Ortes auch ein in Österreich bekannter: Tirol Milch. Es ist die zweitgrößte Molkerei des Landes und „wer in Brasilien etwas auf sich hält, trinkt Tirol Milch."

Hardtgasse 7/14, 1190 Wien • www.sprachinselverein.at
Besuch auf Anfrage unter der E-Mail-Adresse info@sprachinselverein.at

Der Herr über die Zeit waltet in einem der ältesten Gebäude der Stadt. Hinter einer unscheinbaren Tür im zweiten Stock hat er sein Refugium; wo der Parkettboden knarzt, die Bücherregale bis zur Decke reichen und hinter jeder Ecke Ziffernblätter hervorlugen. Jeden Morgen nimmt er einen kleinen goldenen Schlüssel in die Hand, dreht eine Runde durch die drei Stockwerke des Hauses, die durch enge Wendeltreppen miteinander verbunden sind, und zieht seine Uhren auf, eine nach der anderen. Damit wieder alles richtig tickt.

„Immer, wenn es mir nicht gut geht", sagt er, der Rupert Kerschbaum heißt, und seit über zwanzig Jahren das Wiener Uhrenmuseum leitet, „setze ich mich in ein Zimmerchen und lausche der Melodie der Zeit. Es genügen fünf oder zehn Minuten, dann geht es wieder." Nicht die Zeit, das Ticken heilt alle Wunden. „Wenn sich ein Kind früher beim Spielen wehgetan hat, hat man ihm eine Uhr ans Ohr gehalten. Dann hat es keinen Schmerz mehr gefühlt, weil das Ticken interessanter war." Aber das Ticken ist aus unserer Welt fast verschwunden, jetzt wo das iPhone die Zeit anzeigt. Und damit verschwindet auch die Uhr, denn das Smartphone, betont Kerschbaum, „ist ein Zeitmesser, keine Uhr." Ihm fehlt die Magie, „das immer Wiederkehrende, wenn sich die Zeiger drehen". Und das Ticken natürlich.

Dass es in Wien ein Uhrenmuseum gibt, ist – wie so vieles auf dieser Welt – dem Umstand zu verdanken, „dass es einen Verrückten gab", sagt Kerschbaum. Dieser Verrückte hieß Rudolf Kaftan und war Mittelschullehrer. Als er selbst noch die Schulbank drückte, mit zwölf Jahren, bekam er eine Kuckucksuhr geschenkt – und war umgehend dem Sammlerwahn verfallen. Das war 1882, noch bevor Armbanduhren überhaupt existierten. Damals regierte Kaiser Franz Joseph, in Amerika wurde Jesse James erschossen und Vincent van Gogh hatte noch beide Ohren. Etwas mehr als dreihunderttausend stündliche Kuckucksrufe später, es ist das Jahr 1917, war die Sammlung des Rudolf Kaftan auf rund 10 000 Uhren angewachsen – und er musste sie in den Wirren des Ersten Weltkrieges verkaufen. Die Stadt Wien erwarb sie mit dem Argument, dass der Wert der Uhren steigen würde, und eröffnete 1921 das Wiener Uhrenmuseum am Schulhof 2 in der Innenstadt – mit Kaftan als Leiter auf Lebenszeit. Damit war nicht nur die Sammlung, sondern auch ein Gebäude gerettet. Das Palais Obizzi, das das Uhrenmuseum beherbergt, hätte eigentlich abgerissen werden sollen, weil es der Stadtplanung buchstäblich im Weg stand.

Auf drei Stockwerken wird jetzt zwar nicht die Geschichte der Zeit, aber immerhin jene der Zeitmessung erzählt. Wobei Uhren eben immer schon viel mehr waren als nur Zeitmesser, seit Jahrhunderten sind sie auch Statussymbole. Ob Kommodenstanduhren, vergoldete Figurenuhren oder jene Biedermeieruhren, die nicht einfach läuteten, sondern eine Melodie abspielten. Daneben sind Kuriositäten zu sehen; Uhren, die aus ehemaligen Artillerie-Zeitzündern hergestellt wurden, Uhren der „Wiener Städtischen"-Versicherung, die gleichzeitig Sparbüchsen waren, um darin die Prämie für die Lebensversicherung zu sparen, oder Armbanduhren für Spione, die aufklappbar waren und hinter dem Gehäuse ein Blatt Papier für Notizen versteckten. Tatsächlich ein Trend waren im frühen 19. Jahrhundert Bilderuhren, das Ziffernblatt war in ein Gemälde eingebaut, eines zeigt etwa den Stephansdom eben mit Ziffernblatt – früher hatte der auf jeder Seite des Südturmes eines. Ganz unten im ersten Stock steht dann auch das Uhrwerk des Stephansdoms – ein eisernes Ungetüm mit unzähligen Zahnrädern. „Ungefähr 700 Kilo schwer", sagt Kerschbaum. Gestellt wurde das 1699 erbaute Werk noch nach einer Sonnenuhr. Noch viel früher, im 15. Jahrhundert, entstanden die ersten mechanischen Uhren, aus dieser Zeit stammt auch die älteste des Museums, sie hat noch kein Gehäuse und kam mit zwei Zahnrädern aus. Wann genau mechanische Uhren entstanden sind und wer sie erfunden hat, ist nicht bekannt. Die allerersten Uhren hatten eine Ungenauigkeit von einer halben bis dreiviertel Stunde pro Tag, wurden aber schnell exakter. „Es gibt Uhren, die sind um die 250 Jahre alt und gehen pro Woche um die drei Minuten falsch", erzählt Kerschbaum. Im Grunde, sagt er mit der Weisheit eines Mannes, der die Zeit verstanden hat, „muss eine Uhr auch nicht immer genau gehen – man muss nur wissen, wie viel sie zu schnell oder zu langsam unterwegs ist."

Schulhof 2, 1010 Wien • www.wienmuseum.at/de/standorte/uhrenmuseum.html
Öffnungszeiten: Dienstag bis Sonntag und Feiertag 10–18 Uhr
Eintritt: 6 Euro, Kinder haben freien Eintritt
jeden 1. Sonntag im Monat für alle Besucher freier Eintritt

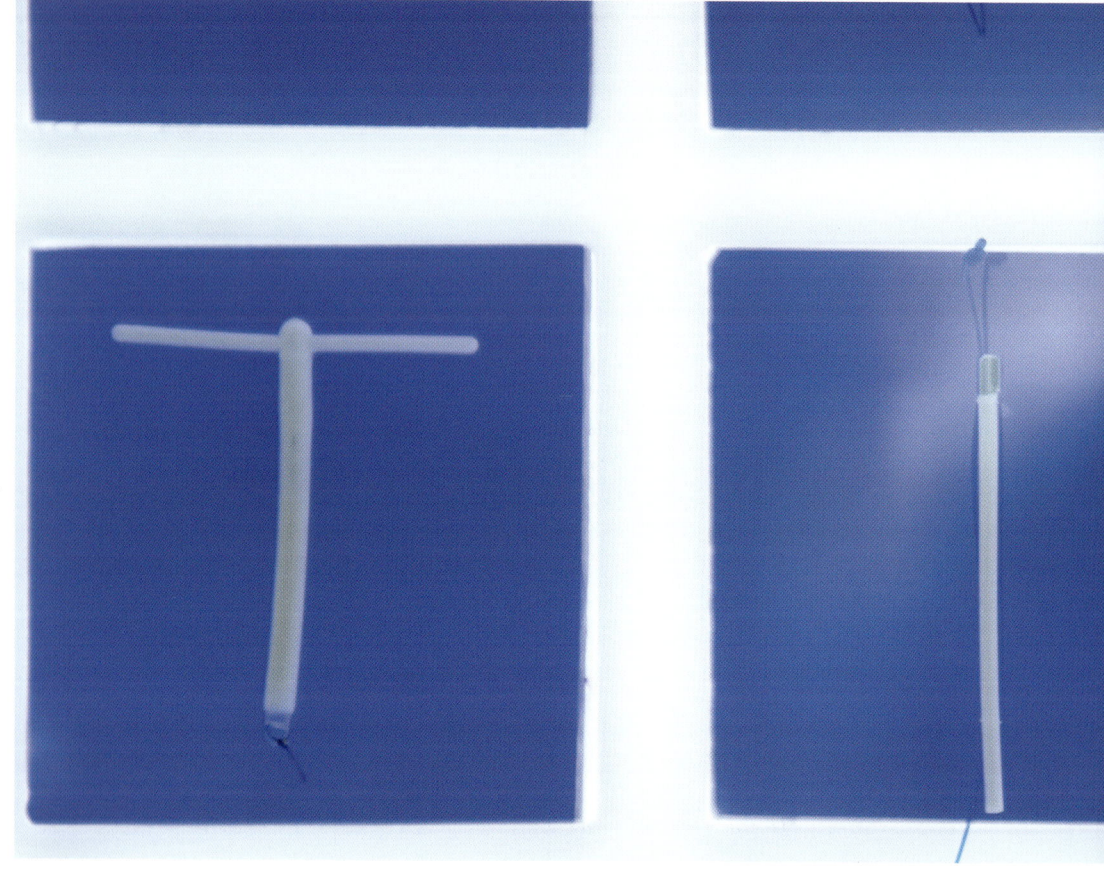

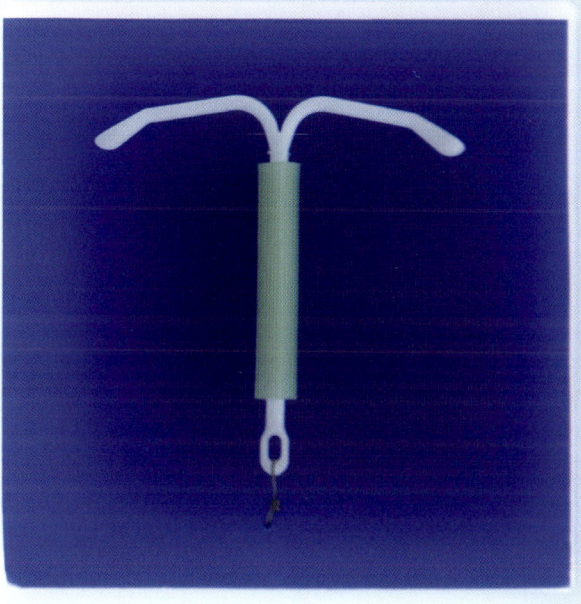

Im Museum für Verhütung und Abtreibung am Mariahilfer Gürtel
beißt sich der Storch die Zähne aus

Es ist neun Uhr morgens und die erste Führung für Anna Pichler steht an. Die 51-Jährige mit den kinnlangen Haaren und der bunten Strickjacke spricht heute mit 15 Berufsschülerinnen. Die 16-Jährigen stehen bereits im Empfangsraum, neben antiquierten Kondom- und Antibaby-Zäpfchen-Automaten mit der klingenden Aufschrift „… da beißt sich der Storch die Zähne aus" und einem Tisch mit Gratistampons. Manche versuchen, abgeklärt zu wirken und klimpern mit ihren Mascara-verklebten Wimpern, andere schielen beschämt auf Verhütungs-Broschüren. Es wird getuschelt und gekichert. Als sich ihre Lehrerin mit den Worten „Ich gehe jetzt, damit ihr euch alles sagen traut" verabschiedet, betritt Pichler die Bildfläche und führt sie in zwei helle Räume mit zartrosa und weißen Boxen.

Pichler beginnt mit sanfter Stimme über die ersten Kondome zu erzählen, die aus Schafsdarm gefertigt und mehrmals verwendet wurden. „Kann man sich heute gar nicht mehr vorstellen, gell?" Die Teenies lachen, die Atmosphäre wird locker. In den nächsten zwei Stunden stellen die Mädchen Fragen, die sie ihrer Biologie-Lehrerin wohl nie stellen würden.

Pichler ist Führerin im kleinen Museum für Verhütung und Schwangerschaftsabbruch am Mariahilfer Gürtel im 15. Bezirk, ganz nahe beim Westbahnhof. Seit der Eröffnung 2007 kamen rund 25 000 Besucher. Großteils sind es Lehrer mit ihren Schulklassen, die den Aufklärungsunterricht auslagern. Manchmal kommen auch Erwachsene, die gleich viele Wissenslücken haben wie Teenager. „Nur weil man Sex hat, heißt es nicht, dass man aufgeklärt ist: Erwachsene sind oft unwissend Praktizierende. Über Verhütung wird noch immer kaum geredet." Pichler bespricht mit den Besuchern Ängste, den Unterschied von echtem Sex zu Pornografie oder lässt ältere Menschen über ihre Jugenderfahrungen erzählen.

Das Museum ist weltweit einzigartig; eine Galerie aus Zeitdokumenten, Erfahrungsberichten, Gesetzestexten und Anschauungsmaterial, hauptsächlich vom Mitbegründer und Gynäkologen Christian Fiala Stück für Stück zusammengetragen. Fiala hat das Museum initiiert, um sich quasi arbeitslos zu machen. Direkt daneben befindet sich nämlich sein Ambulatorium für Schwangerschaftsabbruch und Familienplanung „Gynmed". Täglich patrouillieren dort christliche Fundamentalisten mit Plakaten und Plastikembryos. Seit drei Jahren ist es ihnen verboten, mit den Patientinnen zu sprechen. Mit dem Museum hat Fiala vor allem eine Intention: „Ich wollte auf pädagogischem Weg Bewusstsein schaffen, dass Männer 100 Millionen Spermien täglich produzieren, die unbedingt eine Eizelle befruchten wollen. Und das kann bei jedem Verkehr passieren." Dass es bei jedem Mal passieren kann, macht Pichler auch der Mädchenklasse klar. Der erste Raum beschäftigt sich mit Verhütung.

Pichler spricht über Fruchtbarkeit und lässt die Hormonspirale durchgeben. Die Mädchen ziehen an dem ankerförmigen Ding. Sie tuscheln über ihre eigenen Erfahrungen mit der Pille oder erzählen, warum sie aus religiösen Gründen keinen Sex haben. Pichler beruhigt: „Macht es, wie ihr wollt. Ich zeige euch nur die Möglichkeiten, um euch vor ungewollten Schwangerschaften zu schützen."

Der Raum ist eine Galerie aus Versuchen, die eigene Fruchtbarkeit zu kontrollieren. So wurde früher mit Krokodil-Dung, Fischblasen und Coca-Cola-Scheidenspülungen verhütet. Ging etwas schief, wurde oft zu lebensbedrohlichen Mitteln gegriffen: Abtreibung, etwa durch einen Stich mit der Stricknadel durch die Fruchtblase. Ein Stich an der falschen Stelle und die Frau verblutete. In Uganda ist Abtreibung heute noch verboten. Dort verwenden Frauen Äste, um die Blase zum Platzen zu bringen. Fiala, der neben Uganda auch in der Karibik und Thailand arbeitete, operierte selbst abgebrochene Äste aus Gebärmüttern heraus. Heute liegen sie in einer Vitrine, neben anderen „Werkzeugen", wie etwa einer Fahrradspeiche.

Im katholischen Österreich ist Abtreibung seit der Einführung der Fristenlösung 1975 ein totgeschwiegenes Thema. Seit 40 Jahren ist Schwangerschaftsabbruch innerhalb der ersten drei Monate nach einer ärztlichen Beratung straffrei. Davor wurde von 1768 durch Kaiserin Maria Theresia ein Schwangerschaftsabbruch bis 1945 mit dem Tod bestraft. Österreich ist bislang eines von wenigen Ländern Westeuropas, in denen weder Verhütungsmittel noch Schwangerschaftsabbrüche von Krankenkassen bezahlt werden.

Das Resultat des Geschlechtsverkehrs ist im Allgemeinen das Kind

Quelle: Liebe ohne unerwünschte Kinder, ca. 1914

Magnetresonanz-Tomografie (MRI) des Geschlechtsverkehrs

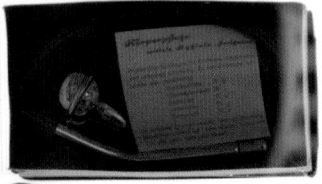

Abb. 4. Stellung, in welcher die Ausspülung erfolgen soll

Es gibt Frauen, die zwei Jahre lang die
Ausspülung mit bestem Erfolg üben
und sie dennoch eines Tages auf
ungünstigen Grunde nicht durchhin in
andere Umstände kamen. Kein Wunder.
Die selbst Mißerfolge würden am
dringsten auch von der Schutzkappe und
der Schlauchspritze gemeldet.
... Ein absolutes sicheres Schutzmittel,
das unter allen Umständen wirkt und
niemals versagt, gibt es ja nicht um und
es wird auch niemals geben. Nur das
vollständige Enthaltsamkeit gibt uns
absolute Sicherheit.

Einige Mittel für Scheidenspülungen

• Einfaches kaltes Wasser
• Für den allgemeinen Gebrauch sehr gefährlich ist
  ätzendes Sublimat, das oft in einer Verdünnung von
  1:2.000 empfohlen wird
• Kaliumpermanganat wird in einer Verdünnung
  von 1:2.000 häufig als Dusche verwendet und ist
  leicht herzustellen
• Essig, medizinische Essigsäure oder Zitronensäure
  oder Milchsäure werden gerne angewandt
• Aufgelöstes Speisesalz
• Lisoform und andere Desinfektionsmittel.

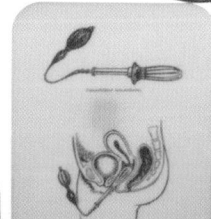

Die Mutterspritze die, Sie sich wünschen!
Die beliebte und preiswerten Frauen-Spülapparat
sind nicht Grund und Blut der Massengebrauch.

Mutterspritzen

Das Schutzmittel vom Frauenarzt
Dr. Höfer und Emil Kröning

Vorsorge und Prävention ist das größte Problem in Österreich, sagt Fiala. Selbst im Medizinstudium werde das Thema Verhütung und Abtreibung ausgelassen. Es gab noch nie so viele Verhütungsmethoden und vergleichsweise viele „Unfälle". Das habe aber auch mit dem derzeitigen Drang zur Natürlichkeit zu tun. Dabei ist das Normalprogramm, das die Natur für die Frau vorsah, brutal: „Frauen waren 35 Jahre fruchtbar: 15 Schwangerschaften, 10 Geburten, acht Kinder überlebten und wurden zwei Jahre lang gestillt. Überlebte das eine Frau, kam sie in den Wechsel. Das ist Natürlichkeit, alles andere ist romantische Verklärung", sagt Fiala.

Die Schülerinnen haben von den Debatten nichts mitbekommen. Wichtig ist ihnen, was „untenrum" so passiert und dass auch Jungs für Verhütung verantwortlich sind. Am Ende der Führung spricht Pichler mit den Mädchen über den Besuch beim Frauenarzt, empfiehlt lange, gemütliche Kleidung und exerziert wieder: „Lasst euch nichts einreden. Traut euch, Fragen zu stellen und Nein zu sagen." Warum das Pichler eigentlich so wichtig ist? „Weil es ihr Körper ist."

Elisabeth Gamperl

Mariahilfergürtel 37, 1. Stock, 1150 Wien • de.muvs.org
Öffnungszeiten: Mittwoch bis Sonntag 14–18 Uhr
Eintritt: 8 Euro, 4 Euro (unter 22 Jahren)

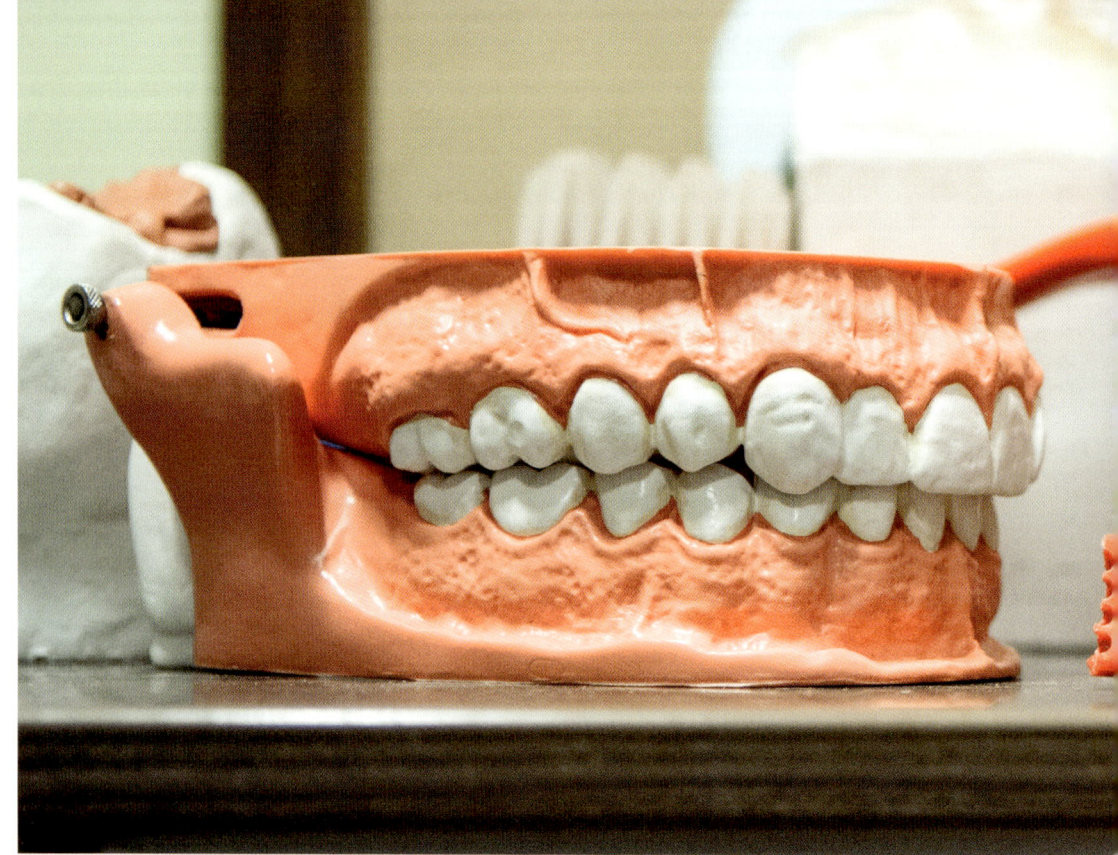

ZAHNMUSEUM
Der Zahn der Zeit

Johannes Kirchner ist Zahnarzt aus Leidenschaft und leitet seit fast 30 Jahren das Zahnmuseum. Jetzt kämpft er um dessen Zukunft

Die Vorurteile sind tief verwurzelt, und das schon lange. „Ein honetter Mann, der was gelernt hat, kann kein Zahnarzt werden", sagte der junge Mediziner Moriz Heider einst zu Georg Carabelli. Der war Leibzahnarzt des Kaisers, wurde von diesem geadelt und hatte seine Ordination gleich neben dem Stephansdom. Trotzdem weigerte sich Heider zunächst, sein Assistent zu werden und willigte später nur ein, weil er sonst keine Stelle fand. Sein Lehrmeister starb sechs Monate darauf, Heider erbte im Jahr 1842 unverhofft dessen Lebenswerk und musste große Fußstapfen füllen. Carabelli war damals der Erste, der an einer Wiener Universität Vorlesungen über „Zahnarzneykunde" hielt, ein echter Pionier.

„Das war so, wie wenn heute ein Tischler Vorlesungen halten würde", sagt Johannes Kirchner, Leiter des Zahnmuseums in der Sensengasse. Carabelli und Heider etablierten die Zahnheilkunde in Wien, mit ihren Sammlungen legten sie auch den Grundstein des Museums. Zuvor wurde sie „über viele Jahrhunderte von denen durchgeführt, die genug Kraft hatten, um einen Zahn herauszureißen." Keine Ärzte, sondern Bader, Barbiere und Scharlatane zogen Zähne. „Es war keine Sache von Gelehrten, sondern mehr ein Handwerk", erzählt Kirchner. Erst Heider gründete den Verein der Zahnärzte und setzte sich für ihre vollmedizinische Ausbildung ein.

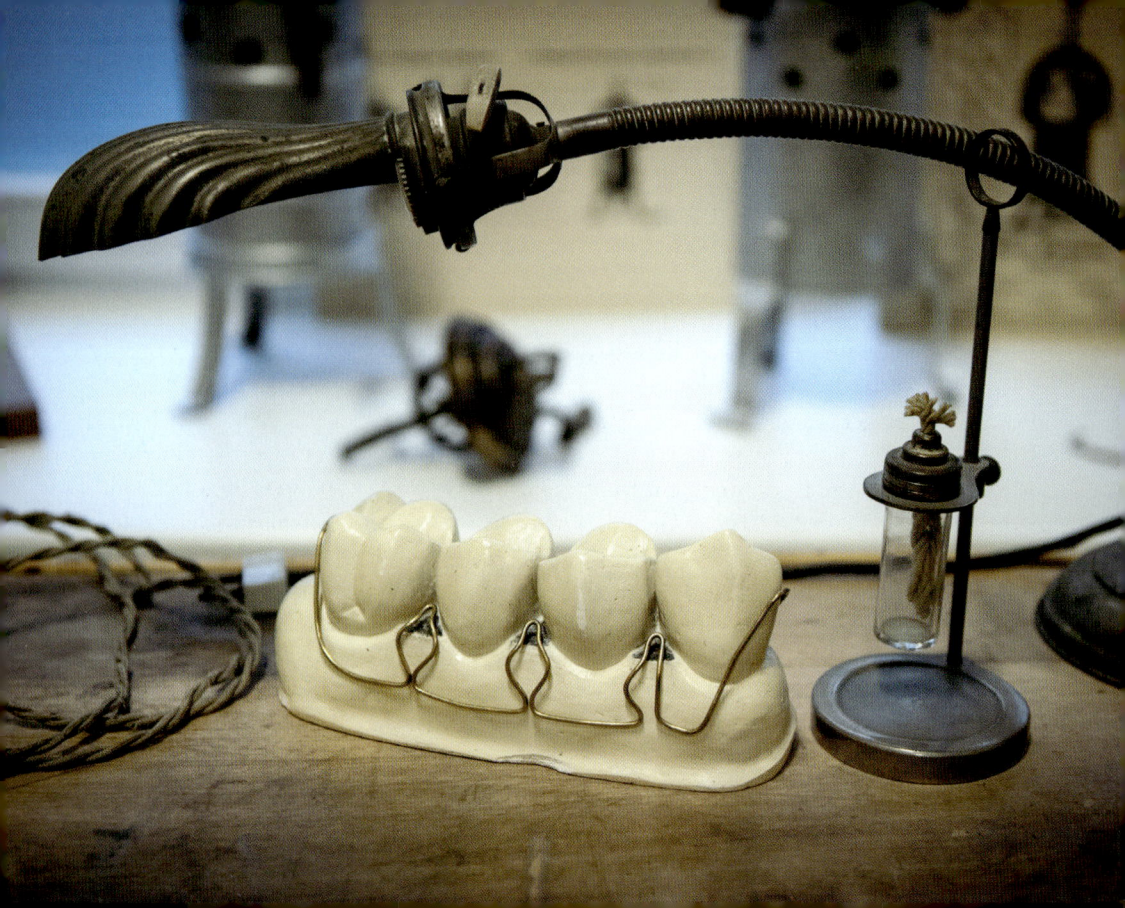

Die Angst vor dem Zahnarzt hat trotzdem alle Veränderungen überdauert. Wer durch das Museum spaziert, hat zunächst nicht viel Grund, sie aufzugeben; höchstens das Gefühl, dass es immerhin besser geworden ist. Eines der ersten Exponate ist das Glüheisen, das von den ersten Zahnärzten benutzt wurde, um bei Wurzelbehandlungen die Nerven auszubrennen – und oft auch gleich einen Teil der Mundhöhle. Es folgen erste Bohrer, alte Zahnarztstühle, deformierte Wurzelzähne und Moulagen (bemalte Gips- oder Wachsmodelle) von Zahnkrankheiten. Es ist Kirchner mit seinem graumelierten Vollbart, der doch noch Sympathie für seinen Berufsstand weckt – wenn auch nicht für alle seine Kollegen. „Heute wird nicht mehr viel mit Herz gemacht. Wenn ich mir viele Kollegen anschaue, denen geht es nur ums Geld. Zahnheilkunde muss man aber mit einer gewissen Verve machen, mit einer gewissen Empathie, man muss sich um die Patienten kümmern", sagt er. „Das Schönste ist es, wenn ein Kind weinend zur Tür hereinkommt und lachend wieder rausgeht. Da habe ich das Gefühl, einen Dienst an der Menschheit geleistet zu haben." Dafür mag er Eltern nicht, die ihren Kinder sagen, es werde schon nicht wehtun: „Da werd ich immer bös': ‚Wieso versprechen Sie, was ich halten muss?' Ich sag den Leuten umgekehrt immer, dass es mehr wehtun wird, als es dann wirklich weh tut."

Kirchner ist Zahnarzt mit Leib und Seele, aber nicht nur das: Er hat Gesang studiert, schauspielert und ist begnadeter Geschichtenerzähler – vor allem, wenn es um die Geschichte seines Museums geht. Sein „Prunkraum", wie er sagt, ist eine nachgebaute Ordination aus der Zeit Moriz Heiders. Damals ordinierten Zahnärzte noch im Anzug, wuschen sich noch nicht nach jedem Patienten die Hände – „damals haben die Leute auch noch mehr ausgehalten" – und mussten ihre Bohrer mangels Strom mit einer Tretmaschine in Gang setzen. Seit fast 30 Jahren leitet Kirchner das Museum, er ist der längst dienende Kustos in seiner Geschichte. Warum ist es ihm so wichtig? „Die Geschichte zeigt uns, wie Gegenwart und Zukunft anders sein könnten. Deshalb bin ich hier, nicht wegen dem alten Zeug, das ausgestellt wird. Um zu zeigen, was wirklich wichtig ist, was Sache ist."

Doch nun muss Kirchner darum kämpfen, dass die Geschichte der Zahnmedizin auch eine Zukunft hat. Es deprimiert ihn zutiefst, dass sein Museum hierzulande kaum beachtet und geschätzt wird – während amerikanische Kollegen ganz begeistert davon seien. „Wer keine Geschichte hat, will eine haben. Das machen die Amerikaner so, die suchen und kaufen alles zusammen. Und wir, die wir Geschichte haben, nehmen sie nicht ernst." Sein Museum könnte demnächst vor dem Aus stehen. Seit die Universitäten autonom sind – das Museum ist Teil der Bernhard-Gottlieb-Universitätszahnklinik –, muss das Museum seine Miete selbst bezahlen. „Alle sagen, arbeitet mal die ganze Sammlung auf, dann unterstützen wir euch", sagt Kirchner. „Aber das geht halt nicht, das Geld braucht man zum Aufarbeiten. Das dauert Jahre, wir haben Tausende von Exponaten. Jetzt stehen wir vor einem großen Problem: Wir müssen jedes Jahr 40 000 Euro Miete aufstellen." Dazu braucht er Sponsoren und Öffentlichkeit. „Es gibt nicht viel, das ich nicht machen würde für das Museum, ich hab da keinen Genierer." Bei einer „Langen Nacht der

Museen" stand er etwa vor dem Museum, sang Lieder und rezitierte aus Gedichten über Zahnärzte. Zum Beispiel aus einem des deutschen Dichters Eugen Roth: „Wir säßen lieber in den Nesseln / als in den wohlbekannten Sesseln". Damit Kirchner noch länger Besucher des Zahnmuseums überzeugen kann, dass es im Zahnarztsessel gar nicht so schlimm sein muss.

Sensengasse 2a (Eingang: Währinger Straße 25a, im Hof rechts), 1090 Wien • www.zahnmuseum.at
Öffnungszeiten: Mittwoch und Donnerstag 10–13 Uhr,
sowie Führungen nach Vereinbarung unter der Telefonnummer 0664-104 80 98
Eintritt: 4 Euro (Erwachsene), 2 Euro (Studenten)

Manfred Klaghofer betreibt das einzige Zauberkastenmuseum der Welt –
rund 200 Zauberkästen sind ausgestellt, seine Sammlung ist mehr als zehnmal so groß

Sechzehn Metallstufen führen hinunter in das Reich des Manfred Klaghofer. Es liegt versteckt im Innenhof eines Wohnhauses in der Schönbrunner Straße; eine schillernde Kugel weist dem Besucher den Weg hinab. Dort wartet ein großgewachsener Mitfünfziger in braunem Sakko und gepunkteter Krawatte. Mit Brille, graumeliertem Haar und der kindlichen Freude an seiner Sammlung wirkt er ein wenig wie ein in die Jahre gekommener Zauberlehrling. Noch in der Tür beginnt er ansatzlos zu erzählen; von seinem Museum, seiner Sammlung und seinem ersten Zauberbuch, das seine Faszination ausgelöst hat.

Manfred Klaghofer besitzt mit rund 2 500 Exemplaren nicht nur die mit Abstand weltgrößte Zauberkasten-Sammlung – zweimal bestätigt vom „Guinness Buch der Rekorde" –, seit 2010 betreibt er außerdem das einzige Zauberkastenmuseum der Welt. Begonnen hat alles mit dem Zauberbuch, das der damals Achtjährige im Jahr 1967 „vom Christkind" bekommen hat. Ein Jahr später brachte es den ersten Zauberkasten, mit 15 absolvierte Klaghofer die Aufnahmsprüfung im Wiener Zauberverein „Zauberkistl" – „dabei habe ich sogar noch Tricks aus meinem allerersten Zauberkasten vorgeführt". Doch als er 19 war, hatte die Magie ihren Zauber verloren. Anderes war wichtiger; das Bundesheer und die Mädchen zum Beispiel. Dem Sammlertrieb blieb er dennoch treu, nur waren es jetzt

Oldtimer, die Klaghofer Freude bereiteten. Er wurde und ist bis heute Geschäftsführer in seinem Familienbetrieb, ein Transportunternehmen, das auch mit Baumaterialien handelt – weiter weg von Magie geht kaum. Aber irgendetwas fehlte. Mitte der Neunziger erstand Klaghofer ein Buch des deutschen Zauberkünstlers Wittus Witt, das sich mit Zauberkästen befasste – und seine Leidenschaft für das Zaubern neu entfachte. „Da hab ich alle meine alten Zauberkästen wieder hervorgeholt und ich hatte so eine Freude damit, dass ich begonnen habe, sie zu sammeln."

Wieder spielte das Christkind eine entscheidende Rolle: „Im französischen ebay [ein Internetauktionshaus] entdeckte ich im Jahr 2000 einen seltenen Zauberkasten, der war sündhaft teuer, der hat damals rund 12 000 Schilling gekostet. Jeder hat gesagt, ‚du bist verrückt, so viel Geld für so ein altes Klumpat'. Nur meine Frau Mama hat gemeint, wenn du ihn dir wünscht, bestell ihn dir, ich hab eh nichts zu Weihnachten für dich. Erst mit diesem Zauberkasten habe ich mich als ernsthaften Sammler verstanden." Aber schon vorher hat er seine Sonntage meist auf Flohmärkten verbracht und nach Zauberkästen gestöbert, „die hat man damals schon um zehn oder 20 Schillinge bekommen." Heute ist er einer von rund zwanzig Zauberkastensammlern weltweit. Ein teures Hobby, „allein die Erhaltung des Museums kostet viel mehr, als die Eintrittsgelder bringen", aber „andere sitzen jeden Tag beim Wirten, das ist auch teuer." Er mietete einen Keller in seinem Wohnhaus an und funktionierte ihn zum privaten Museum um, auf eigene Kosten. Das Museum besteht aus einem Schauraum mit Vitrinen, jeden ersten Sonntag im

Monat zeigt er Interessierten eine Auswahl seiner Sammlung, rund 200 Zauberkästen, von damals bis heute, aus verschiedensten Ländern. Dazu gibt es eine jährlich wechselnde Sonderausstellung. Im Lager stapelt sich der Rest der Sammlung in Regalen, befüllt vom Boden bis an die Decke, sortiert nach Herstellern. „Bei den meisten kenn ich den Inhalt auswendig", sagt Klaghofer.

Seine Sammlung beinhaltet Zauberkästen von 1840 bis heute, inklusive den letzten Zauberkastenboom rund um Harry Potter. Die Geschichte des Zauberkastens selbst beginnt schon um 1800 in Nürnberg, bis heute die Hochburg der Spielzeugproduktion. Selbst Johann Wolfgang von Goethe schenkte 1830 seinem Enkel einen zu Weihnachten, denn – stolz liest Klaghofer es vor – „es ist besonders in Gegenwart eines kleinen Publikums ein herrliches Mittel zur Übung in freier Rede und Erlangen einer körperlichen und geistigen Gewandtheit, woran wir Deutschen ohnehin keinen Überfluss haben." Der Inhalt von Zauberkästen hat sich bis heute kaum geändert: präparierte Ringe und Münzen, Trickkarten und Becher, wie sie auch von Hütchenspielern genutzt werden. „Es gibt einen Nürnberger Großhändlerkatalog aus dem Jahr 1803, wo der Inhalt eines Zauberkastens aufgelistet war, dort fand sich zum Beispiel schon die Kugelvase", erzählt er. Ein Trick, den Klaghofer selbst gerne vorführt. Er nimmt eine rote Kugel in seine rechte Hand und will sie durch einen Deckel in eine kleine Vase zaubern, die ein wenig wie ein verschlossener Eierbecher aussieht. „Eins, zwei, ist es möglich, ja oder nein?", fragt er und plötzlich hat er sich wieder in den kleinen Buben verwandelt, der sich nichts sehnlicher wünscht, als auf einer Bühne zu stehen und sein Publikum zu unterhalten: „Natürlich nicht, außer man ist Zauberer und weiß ein Zauberwort. Kennen Sie ein Zauberwort?" „Äh, Hokus-Pokus?" „Probieren wir es: Hokus-Pokus! Und es hat geklappt!" Die Kugel ist in der verschlossenen Vase, einem doppelten Boden sei Dank. Es ist ein simpler Trick, einer jener, die in fast jedem seiner 2 400 Zauberkästen zu finden sind, aber wenn Klaghofer ihn mit seiner kindlichen Freude vorführt, wünscht man sich ein wenig, man hätte das Geheimnis dahinter nicht durchschaut. Ganz nach dem Motto, das auf einen seiner Zauberkästen gedruckt ist: „Mundus vult decipi, ergo decipiatur" – „Die Welt will betrogen werden, deshalb wird sie betrogen."

Schönbrunner Straße 262, im Hof, 1120 Wien • www.zauberkasten-museum.at
Öffnungszeiten: jeden 1. Sonntag im Monat von 10–16 Uhr
Eintritt: 3,50 Euro (Erwachsene), 1,50 Euro (Kinder 6–15 Jahre)

Ziegler -

ZIEGELMUSEUM
Ein Herz für Ziegel

Gerhard Zsutty leitet das Wiener Ziegelmuseum; er hat es sich zur Lebensaufgabe gemacht, möglichst viele seiner 12 000 Ziegel zuzuordnen

Schuld am außergewöhnlichen Hobby des Gerhard Zsutty ist der Zweite Weltkrieg. 1945 fand das Terrorregime der Nazis in Wien sein Ende, da war er gerade einmal sieben Jahre alt. Er wuchs in einer Stadt in Trümmern auf. „Ich hab als Kind in den Ruinen gespielt und Ziegel gesammelt, die ich schön fand. Wir hatten damals keine Möbel mehr, das ist alles kaputt gegangen. Ich habe mir aus den Ziegeln, die ich gefunden habe, Stellagen gebaut für meine Sachen", erzählt er heute, längst in Pension und mit ganzer Leidenschaft Leiter des Ziegelmuseums in der Penzinger Straße.

Als die Zeiten besser wurden, verschwanden die Ziegel im Keller und aus dem Gedächtnis. „Ich hab mich nie mehr damit beschäftigt", sagt er. Er ging als Paläontologe und Geologe auf Reisen, 1980 kehrte er zurück nach Wien. Beim Entrümpeln seines Kellers fand er seine Ziegel wieder und erfuhr, dass gerade ein Ziegelmuseum eröffnet hatte. Er trug sie zum Leiter des Museums, um ihre Herkunft bestimmen zu lassen. „Die konnten das aber nicht bei allen Ziegeln, weil ihnen jemand fehlte, der Grundlagenforschung betreibt", erzählt Zsutty. „Da hab ich mir gedacht, das ist eine schöne Beschäftigung, das mach ich." Als er die Sammlung übernahm, umfasste sie 1 500 bis 1 800 Ziegel, heute sind es über 12 000 – auch Besucher des Museums werden gebeten, selbst Ziegel mitzubringen.

Etwa 200 Exemplare sind in den drei Räumen des Museums auf zwei Stockwerken ausgestellt. Vom Mauerziegel zum Dachziegel, von jenen der alten Römer bis zu den neuesten Trends der Ziegelproduktion. Das erste, das einem Besucher ins Auge springt, sobald er das Museum betritt, ist aber eine Karte zur Herkunft des Ziegels. „Die lass ich eher aus Pietät hängen", sagt Zsutty. Sie ist überholt und nicht wirklich korrekt, geht aber auf den geistigen Vater des Ziegelmuseums zurück, den 1982 verstorbenen Anton Schirmböck. Er begründete die Ziegelforschung in Österreich und verfasste Werke wie „Abendländische Aspekte der österreichischen Ziegelforschung".

Die Geschichte des Ziegels beginnt in unseren Breiten mit den Römern, nach dem Ende des römischen Imperiums ist aber auch der Ziegel wieder „in vollkommene Vergessenheit geraten", sagt Zsutty. Erst im achten Jahrhundert kehrte das Wissen um das Ziegelbrennen mit den Klöstern zurück. Ein ganzer Raum ist dem Wiener Mauerziegel und seiner Geschichte gewidmet, stundenlang kann Zsutty über und rund um den Ziegel referieren. Seine Geschichten zeigen, wie tief die Ziegel in der Wiener Kultur verankert sind: Es war früher Aufgabe der Männer, den Lehm für die Ziegel aus den Gruben hinauszuführen, Frauen waren es dann, die ihn in die Formen zu pressten. Damit der Lehm nicht in den Formen kleben blieb, mussten diese aber mit Sand bestreut werden. Diese Aufgabe übernahmen ungelernte, schlecht bezahlte Arbeiter, oftmals Zuwanderer. „Das waren die Sandler, daher kommt der Dialektausdruck", erzählt Zsutty.

Rund 1000 Besucher pro Jahr verzeichnet er in seinem Museum, aber Zsuttys Hauptaufgabe ist es, „die Zieglerzeichen zuzuordnen, das ist gar nicht so einfach", sagt er. Schon die Römer stempelten ihre Ziegel, um sie zu kennzeichnen, etwa mit den Nummern der Legionen. Später waren es meist die Initialen der Hersteller, damit die Bauherren die Ziegel auf eine Ziegelei zurückführen konnten – und beanstanden, falls die Qualität mangelhaft war. Für die Bestimmung der Herkunft muss Zsutty also „möglichst viele Zieglernamen kennen, dazu schau ich im Grundbuch nach, in den Archiven natürlich auch. Auch das Studium alter Zeitungen hilft mir sehr. Erstens gibt es dort Berichte über Unfälle und zweitens haben sie ihre Produkte annociert", sagt er. Oft war ein Herz um die Initialen gemalt. „Es gibt viele Theorien, warum das so war. Aber es hat auf jeden Fall eine wichtige Bedeutung, denn viele hatten Initialen wie HI oder IH, da wusste man durch das Herz, wo oben und unten ist." Und es hilft Zsutty nun bei der Zuordnung der Ziegel. Rund 3500 seiner Ziegel kann er sicher bestimmen, doch „mein Leben wird nicht für alle reichen."

Hat Zsutty einen Lieblingsziegel unter seinen 12 000 Exemplaren? Er erzählt noch eine Anekdote: In der Kaiserzeit trugen einige Ziegel den kaiserlichen Adler als Zeichen, ein Privileg für Hoflieferanten. „Das war vor allem Alois Miesbach, der Ur-Vater von Wienerberger, heute noch der größte Ziegelproduzent der Welt. Das war natürlich prestigeträchtig, deshalb haben andere Produzenten begonnen, ganz normale Adler zu nehmen, in der Hoffnung, dass der Unterschied nicht auffällt." Ein anderer Lieferant ging noch weiter; er

hat ganz auf den Adler verzichtet und stattdessen einfach ein Huhn verwendet. „Schaut ja auch so ähnlich aus. Der mit dem Hendl ist mein Lieblingsziegel." Nachsatz: „Aber ich liebe alle Ziegel, mir erzählt jeder Ziegel eine Geschichte."

Penzingerstraße 59, 1140 Wien • www.ziegel.at/de/wiener-ziegelmuseum
Öffnungszeiten: jeden 1. und 3. Sonntag im Monat 10–12 Uhr,
an Feiertagen sowie im Juli und August geschlossen
Telefonnummer: 01-897 28 52
Eintritt frei

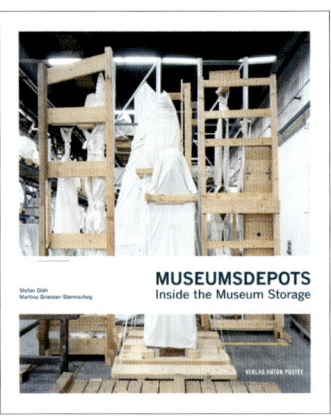